U0658434

跟苏霍姆林斯基学当校长

闫 学 著

教育科学出版社
·北 京·

苏霍姆林斯基——

　　如果你想成为一个好校长，那你首先就得努力成为一个好教师，一个好的教学专家和好的教育者，不仅对你所任课的那个班的孩子是这样，而且对社会、人民、家长所托付给你的那所学校的所有学生也都是这样。而如果你担任了校长职务，便认为凭着某种特殊的行政领导才能就可取得成功，那你还是打消当一名好校长的念头吧！

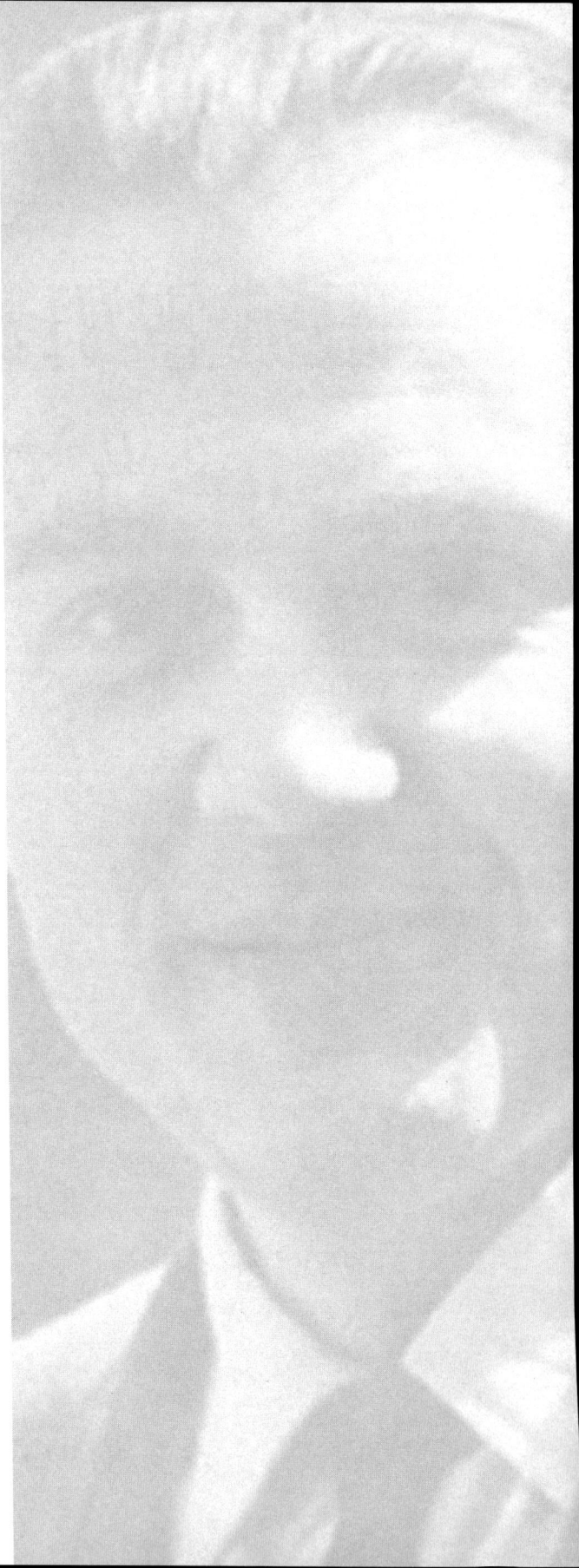

目 录

CONTENTS

第六辑　办一所让孩子天天盼着去的学校

始终聚焦在重要而美好的事物上

　　怎样做一名好校长？这个问题摆在所有校长面前。十年前，从我走上校长岗位的那一天起，我就无时无刻不在努力寻找心中的答案。我发现，苏霍姆林斯基早已做出了回答，他认为，绝不能试图依靠某种特殊的行政领导才能去做校长。那么，一个新的问题来了：不依靠行政力量，我们怎样做校长？

　　苏霍姆林斯基不仅从理论上回答了这个问题，而且用自己一生的教育实践诠释了怎样做一名好校长。纵观他二十多年的校长生涯，研读他宏大丰厚的教育著作，我们会发现，关于如何做一名好校长，苏霍姆林斯基的答案其实只有一个：做一名好老师、好学者，把整个心灵献给孩子，这是成为一名好校长的基本前提，也是核心要素。所以，苏霍姆林斯基很少直接谈如何做一名好校长，也很少直接谈如何利用行政力量去领导学校——他只在每天早晨跟总务主任见面 10～15 分钟，商讨一些事宜，之后就把所有精力都投入教育教学中。那么，苏霍姆林斯基的一天是如何度过的呢？我们可以从他的著作中想象他的一天：他听课、上课、阅读、写作，跟孩子们一起劳动、做手工，带着孩子们去"蓝天下的学校"画画、作诗，夜晚聚在熊熊燃烧的炉火旁阅读，有时他们会躺在星空下的草垛上探讨宇宙的永恒……。他始终把主要精力聚焦在重要而美好的事物上。我想，这是成为一名好校长的关键所在，也是苏霍姆林斯基给所有校长最大的启迪。

在二十多年的校长生涯中，苏霍姆林斯基率领帕夫雷什中学的教师创造了一个教育奇迹，将基础教育提升到一个至今令我们仰望的高度，成为世界教育史上一座永不熄灭的灯塔。那么，苏霍姆林斯基在他的校长生涯中就没有遇到困难吗？当然不是。教育从来不是一座孤岛，学校也从来不是封闭的象牙塔。20世纪中叶，苏霍姆林斯基在帕夫雷什中学担任校长时，"二战"刚刚结束，苏联百废待兴，他办学没有我们现在的物质基础。帕夫雷什中学有不少学生的家庭深受战争的创伤，有的孩子还没有出生父亲就已经牺牲在战场上。受战争、贫困等多种因素的影响，不少孩子成为学校里的"难教学生"。面对种种困境，苏霍姆林斯基看到了问题，他有批判，有担忧，也有反思，但更多的是行动。他数十年如一日，把全部身心投入教育教学实践中，寻找教育出路，践行教育理念。比如，面对"难教学生"，他本着"一天从一堆沙土中淘出一粒金子，一千天就能淘出一千粒金子"的精神，奉献了全部的爱与智慧，创造性地提出了"美疗"的方法，主张用音乐、美术、阅读和大自然开启儿童的智慧；面对学习困难的学生，他从来不打不及格的分数，始终呵护着学生努力向上的愿望，反对靠补课和没完没了的"拉一把"来提高分数；他强调劳动的重要性，帮助学生在劳动中寻找自己擅长的领域，培养责任感，树立自信；他无限相信书籍的教育力量，主张学校应当成为书籍的王国；他高度重视学生的健康，认为关注学生的健康应该成为教育工作者的首要工作；他主张从小培养学生的公民意识和社会责任感……他在帕夫雷什中学践行的这些教育教学举措，在当下的我们看来，就是一个令人惊叹、敬服的教育童话，而这个童话是真实的。由此我们不得不反思：当下我们应当何为？

我们早已进入互联网时代，技术赋能下的学校教育呈现出新的面貌，开拓了更加广阔的时空，但教育的本质真的发生变化了吗？当我们回到教育的本质层面，就会发现，学校管理并不会单纯地因为有了新技术而变得更加高明，教育教学也不会单纯地因为技术的加持而变得更加高效。苏霍姆林斯基的教育实践，让我们在喧嚣中找到内心的宁静，从各种眼花缭乱的策略、理念中拨云见日，那就是回归教育的常识，回到"人"本身。他提出"培养全面和谐发展的人"的理念。他二十多年的校长生涯，他深深根植在实践中的宏大完整的理论体系，无不启迪、鼓舞着我们，学校教育应当如何为"人"的成长和发展服务，"人"的成长和发展应该永远是教育的目的本身。

这本书，是一名中国校长十年研读和践行苏霍姆林斯基教育思想的思索与记录，也许不够完整，不够系统，但始终聚焦在重要而美好的事物上。希望这本书能带给你力量和勇气。

第一辑

永远不把自己
当成行政干部

校长要成为"教师的教师"

这些年，我为什么不肯停下奔跑的脚步？从一线教师到教研员，又到校长，从课堂教学到课程设计，又到教师培训、学校管理等，在不同的岗位历练，在不同的领域深潜，这一方面源于我心中对教育工作的热爱，另一方面源于我非常认可苏霍姆林斯基的一个观点，那就是：要做一名好校长，一定要千方百计、精益求精地让自己成为一名有威信的、博学多识的"教师的教师"。

> 我们所从事的教育事业的性质就是这样：你要领导它，首先就要不断地自我充实和自我更新，使自己在精神上今天比昨天更富有。一个学校的领导者，只有精益求精，每天提高自己的教育和教学技巧，只有把教育和教学以及研究和了解儿童这些学校工作中最本质的东西摆在第一位，他才能成为一个好的领导者，成为一个有威信的、博学多识的"教师的教师"。[1]

作为"教师的教师"，苏霍姆林斯基对教师的帮助和指导是深入具体的，也是全方位的。

一方面，苏霍姆林斯基为教师提供课堂教学的指导和帮助。为了

---

[1] 苏霍姆林斯基. 和青年校长的谈话 [M]. 赵玮，等译. 北京：教育科学出版社，2009: 4-5.

帮助教师改进课堂教学，他始终保持着对课堂教学的深度参与和高度关注。他与教务主任不仅每天听课，而且亲自上课。他担任过文学、数学等不同学科的教学工作，还担任过少先队辅导员的工作。这些对不同学科课堂教学的沉浸式体验和研究，培养了他敏锐的洞察力，让他在帮助教师改进课堂教学时更有针对性，并取得了非常好的效果。他曾经详细地向我们展示对教师菲利波夫的帮助，他对菲利波夫的帮助持续了很长时间，其间他们互相听课，也一起去听其他教师的课，一起探讨课堂教学的问题。在苏霍姆林斯基的帮助下，菲利波夫不但改善了课堂教学，并且成长为一名区域"名师"——后来，他不仅常在学校内做报告，给同事们介绍工作经验，也多次参加区联合教学小组的工作。

苏霍姆林斯基的经验让我明白做校长时的工作重心是什么，那就是对课堂教学的高度关注与参与。我在不间断地听课中发现，一些教师课堂教学效率低下，在教材解读、教学设计、教学策略、课堂秩序管理等方面都存在这样那样的问题。听完这些教师的课之后，除了及时与上课教师交流反馈、讨论问题根源之外，我经常会就教材或教学知识点进行课堂教学示范。我认为亲自上课与听课有很大的区别，虽然这种做法大大地增加了我的工作量，但我希望通过备课、上课，与学生在课堂上真实对话，真正触摸知识点或教材的重点、难点，以及儿童思维发展规律等。因为只有这样，我才能真正给那些在课堂教学中遇到困难的教师提供帮助。

另一方面，苏霍姆林斯基为教师提供教育科研的指导和帮助。在他看来，要让教师的工作不再是日复一日、年复一年的重复，就应该引导教师走上教育研究的幸福之路。阅读他的著作，我有一种深刻的感受，那就是：他对课堂教学，对"难教学生"的帮助，以及对劳动教育的实施路径，尤其是对儿童思维及道德品质的培养，都做了深入细致的研究。因此，他的鸿篇巨制成为基础教育的百科全书。从苏霍姆林斯基的身上不难看出，他始终是用研究的眼光、开放的心态看待自己的工作，始终是以研究者的身份来做校长的。因此，对教育科研持续探索，把学校重要领域的工作作为科研的重要基础，也成为我做校长以来始终坚定不移并亲身示范的事。我和教师一起，把教育教学过程中感到困扰的问题作为科研的聚焦点，进行课题立项，确立研究目标，寻找研究方法，力求关注真问题、做真研究。一般说来，重要课题由我和学校骨干教师成立的研究小组负责，而各学科骨干教师也有自己的研究课题，刚走上教师岗位的青年教师则进行小课题研究——这些小课题往往针对的是自己教育教学中的具体问题，有很强的个性化特点，但又符合教育教学的基本规律。同时，为了鼓励教师进行教育科研，我们在教师的考核制度中设计了一些条款，对在教育科研工作中取得成果的教师进行表彰，并体现在绩效奖励中。这样一来，我们学校几乎每个教师都有自己的研究课题，都把教育科研作为自己教师生涯的一部分。其实，我们更加看重的是那些专注研究的时光擦亮了庸常的岁月，让忙碌而琐细的教师生涯闪烁着迷人的光彩，而不是取得了多少科研成果，获得了什么级别的奖励。

秉持着做"教师的教师"这样的自我定位，苏霍姆林斯基做校长时强调对儿童的高度关注，对教师队伍职业素养的高度重视。他在《帕夫雷什中学》中详细介绍了学校教师队伍的基本情况，对每位教师的专业特长、职业素养都做了生动具体的说明，字里行间充满了赞许、骄傲和自豪。值得关注的是，他强调一名教师的专业素养应该体现在与学生的精神交往上：

　　在精神生活的各个领域都跟孩子们交往，已成为我校教育工作的一条原则。"如果我只是一个教书匠，我就不是一个真正的教师，通过儿童心灵的小道就会对我紧紧地封锁着。"我们每个教师都是这样想的，都有这种体会。[1]

这种观念强调了教师与儿童精神生活的连接，只有在精神生活的各个领域与儿童建立连接，这样的教师才能被称为真正的教师。

始终追随儿童，聚焦儿童，帮助儿童，发展儿童，是苏霍姆林斯基一生的追求，这个追求的基础是对儿童无条件的热爱，他把"整个心灵献给了孩子"。他自己是这么做的，也要求别的教师做到。我们在他的著作中看到大量的教育案例，这些案例涉及领域极广，但其核心却无一例外都是儿童。他对儿童思维、心理与生理发展、精神的发育与道德品质的养成等各个方面的研究，可谓事无巨细，而且极具创造性和借鉴价值。他让我们意识到，教育的目的不需要花哨的、"高深"的说法和名词，让每个儿童的身心得以发展，感受学习、劳动和创造的快乐，形成对家庭、他人和祖国的高度的责任感，并且落实到行动上，是教育的追求，也是教育的常识。这些也成为帕夫雷什中学全体教师的坚定信念。因此，我在做校长的这些年里，经常提醒自己，追问自己：学校开设课程，举办活动，打造空间，购置器材，是不是都具有在某一方面发展儿童的明确的、长远的目标，而不是心血来潮或跟风赶时髦？正是这样不断审视和警醒，让我决定办一所基于儿童、为了儿童的学校，无论是课程建构、活动策划，还是空间设计，以及器材、图书置办等，都要坚定不移地符合这样一条标准，那就是有发展儿童的明确目标和能够落地。我经常感叹，苏霍姆林斯基接手帕夫雷什中学时，乌克兰刚刚经历"二战"，满目疮痍，许多学生因为战争失去了父母，这些都对学校教育构成了极大的挑战，但他却带领同事们创造了一个教育童话，让帕夫雷什中学达到了前所未有的高度——即便是现在，时光到了 21 世纪，我们

---

[1] 苏霍姆林斯基. 帕夫雷什中学 [M]. 赵玮，王义高，蔡兴文，等译. 北京：教育科学出版社，1983：51.

已经拥有了相对优越的办学条件，但依然深深地感受到巨大的差距。那么，形成这种差距的原因究竟是什么呢？我想，原因诚然是多方面的，但一个很重要的原因是，我们被过多的功利的东西裹挟，而忽略了教育最核心的东西，那就是儿童。

作为"教师的教师"，苏霍姆林斯基对教师的指导和帮助还体现在方方面面：他带领和指导教师开设家长课程，全面阐释了家校协同的理念、方法和操作路径，尤其是教师开设的家长课程体系，其丰富性、全面性令人叹为观止；他带领和指导教师对学生进行劳动教育，认为劳动教育是一种精神的培育，让学生在身体力行的劳动中培养对他人、家庭的责任感；他与全体教师逐渐达成了这样的共识，那就是对学生健康的关注应该成为学校的首要工作，一切不利于学生健康的活动、口号，不管包装上多么美好华丽的外衣，也不管有多么看似合理、有价值的理由，都应该坚决摒弃……。这些信念贯穿于苏霍姆林斯基二十多年的校长生涯，也逐渐渗透在帕夫雷什中学每位教师的精神深处，并且穿越了时空的隧道，照亮了当下教师的心灵。

永远不把自己当成行政干部

在担任校长之前，我做了将近十年的语文教研员，也负责过一个行政区域内的小学和幼儿园的教育教学质量监控工作。也就是说，尽管当时我在语文教学、教师培养等方面已经取得了一点儿小小的成绩，但我也跟其他新任校长一样，没有任何学校管理经验，在学校管理方面是个新手。因此，在走上校长岗位初期，我每天夜里都辗转难眠，心中充满焦虑——课程建构、教师培养、校园文化、家校协同等，似乎要做的事情很多，又无从下手。

直到有一天，我在校园里看到这一幕：一个小女孩在校园里游荡，而此时正值上课时间，我认识她，一个感统失调的孩子。她没办法像其他孩子一样独自安静地坐在教室里的座位上听老师讲课，也没办法像其他孩子一样参与各项活动。在这之前，她妈妈每天陪读（为了陪读，她妈妈辞去了工作），这几天她妈妈生病了，陪读不得不临时中断，而老师正在上课，没有办法顾及她，于是她趁老师不注意，就跑出了教室。我把小女孩带到我的办公室，给她倒了一杯水。我注视着这个孩子：扎着羊角辫，头发乌黑，皮肤白净，眼神天真无邪……她长得多么可爱呀！可就是这个孩子，却给家长和老师带来了太多的困扰和烦忧：我每次在校园里与她妈妈相遇，她妈妈都冲我赧然一笑，忧郁的眼神里满是歉意；我每次与她的老师交流关于她的教育问题，都能深深感受到老师的忧心和无奈。那么，我该怎样帮助这样的孩子和他们的老师、家长呢？

一个校长尽管缺乏经验，但总要先从某一点上做起，踏上教育智慧的第一个阶梯。而这第一个阶梯，就是分析自己工作中遇到的种种教育现象。[1]

　　那么，从儿童入手，从具体的一个个儿童入手，与家长和教师站在一起，共同面对、解决教育中这些最困难的部分，这不正是我这个校长应该做的事情吗？那一刻，我找到了自己作为新校长开展工作的突破口：我决定发挥自己的教育科研优势，先从研究和帮助学校每个"难教儿童"入手。

　　在苏霍姆林斯基的校长生涯中，对这些"难教儿童"的研究与帮助是他教育成就中非常重要的一部分。他记录的大量生动翔实的教育案例展现了一位真正的教育家心中的爱与慈悲，耐心与智慧。作为校长，他把主要精力和时间都放在了帮助儿童、帮助教师和帮助家长上面。他给年轻校长们带来的启发是：不要被过多的行政事务裹挟，要把主要精力放在不断增强自己的教育教学素养上，让自己成为一名好老师和优秀的教育教学专家：

　　　　如果你想成为一个好校长，那你首先就得努力成为一个好教师，一个好的教学专家和好的教育者，不仅对你所任课的那个班的孩子是这样，而且对社会、人民、家长所托付给你的那所学校的所有学生也都是这样。而如果你担任了校长职务，便认为凭着某种特殊的行政领导才能就可取得成功，那你还是打消当一名好校长的念头吧！[2]

[1] 苏霍姆林斯基. 和青年校长的谈话 [M]. 赵玮，等译. 北京: 教育科学出版社，2009: 90.
[2] 同 [1]: 5.

不认为"凭着某种特殊的行政领导才能就可取得成功",不让过多的行政事务干扰自己,不把自己当成行政干部,是苏霍姆林斯基做校长的一个原则,一种坚守。他在每天清早上课之前,会首先跟总务主任交谈 10~15 分钟,于是这一天里就不再过问总务问题了。他竭力使居于校长工作首位的,不是事务性问题,而是教育问题。帕夫雷什中学的大部分总务工作是从教育着眼,靠学生集体和教师集体的力量共同解决的,总务工作是服从于教育任务的。苏霍姆林斯基的做法给我们每位校长都带来启迪,促使我们不断反思、审视自己,要把大部分时间和精力放在教育教学问题上。

当我与一些校长朋友分享苏霍姆林斯基的这些做法时,有些校长脸上闪现出为难的神色。其实,同为校长,我何尝不知当下学校教育面临的是一种怎样的挑战,处于深度转型期的中国教育,面临的局面是复杂的,校长所承受的压力和承担的责任也是巨大的。我先后担任过三所学校的校长,有老牌的公办普通学校,也有各方面条件都非常优越的新办学校。尽管每所学校在办学背景、教师队伍、课程设置、校园文化等方面都有很大不同,让我不得不花时间去建构或重构每所学校的文化与课程系统,但仔细想来,作为校长,我遇到的挑战却有极大的相似之处——如何分配自己的精力,让自己有更多的时间,以更快的速度从行政事务中抽身出来,回到课堂,回到图书馆,回到教师和学生中间。

其实,当下学校教育本身面临的挑战,也对校长如何分配自己的时间和精力提出了要求。无穷的宇宙吸引人类的思维触角不断延伸,人类的认知一次次被刷新,这些深刻地影响着教育领域,让每位校长都产生了深深的危机感。正如苏霍姆林斯基所担心的:

校长如果把主要精力放在行政事务工作方面,他就有跟不上教育科学最新进展的危险。[1]

苏霍姆林斯基强调校长应该密切关注当下教育科学的最新进展，认为判断一名老师是否为好老师的标准之一，就是看他是否了解自己所教学科的最新研究成果。因此，对知识充满好奇心，关注当今世界正在发生的变化，具有开放的心态、开阔的视野，是成为一名好老师的重要特质。假如没有校长的以身作则，没有校长本人的创造性参与，他就没有办法去帮助和引领学校教师。

对我来说，密切注视构成教学大纲各门学科的最新成就和成果成了一条常规。[2]

正是因为认识到这一点，苏霍姆林斯基在各个学科领域都进行了深入钻研。从当校长最初那些日子起，他就开始研读物理、数学、化学、地理、生物、历史，三年内自学完了学校所有科目的教科书和主要教学法参考书，甚至怀着极大的兴趣阅读了遗传学、自动化技术、电子学、天文学等方面的书籍，以不断丰富自己的知识背景。

我想，只有对儿童和知识、真理发自内心地热爱，才能像苏霍姆林斯基这样不断地挑战和突破自己的局限。我做校长的十年，正是科技迅猛发展的十年，各学科的知识不断拓宽人类认知的边界，在我国各学科的课程标准进行了更新，教材也及时进行了修订。那么，学校教师能否应对这些挑战呢？尤其是作为"教师的教师"的校长，能否起到引领、示范和指导作用，而不是停步不前，甚至拉低学校教师队伍专业素养的

---

[1] 苏霍姆林斯基. 和青年校长的谈话 [M]. 赵玮，等译. 北京：教育科学出版社，2009: 1.
[2] 苏霍姆林斯基. 帕夫雷什中学 [M]. 赵玮，王义高，蔡兴文，等译. 北京：教育科学出版社，1983: 16.

水平线？作为校长，我感受到时不我待的巨大的紧迫感。

因此，在各学科新版课程标准颁布之后，我和老师们一起，通过各种方式，调动各种资源，开始了系统学习和研究。同时，针对更新的教材，我们也及时研读并调整教学内容和教学策略。在这个过程中，我本人承担了运营省级名师工作室的任务，希望借助名师工作室这个平台，帮助老师们在更大的范围内发表自己最新的研究成果，并与其他老师共享教学研究成果。我每天都在工作室网络平台与老师们进行交流分享，并点评老师们上传的最新研究成果，提出修改建议或后续研究方向。我还推出了双向听课制度，不仅听老师们的课，也请老师们来听我的课。针对老师们在教学中遇到的有一定共性的难点问题，我都会亲自备课、上课，供老师们观摩研讨。我有时是在线下举办的规模较大的教学研讨活动中上现场课，有时是利用网络平台在更大的范围内上直播课。这些不断推出的示范课和观摩课，成为比较重要的课程资源。我希望通过这种形式，让老师们懂得，不论你是经验欠缺的新手教师，还是小有成就的学科名师，甚至是功成名就的教育专家，在教育教学中回到研究起点，不断挑战自己、突破自己、发展自己，是每位教师都应做到的。

其实，我还有一点儿小小的私心：我希望老师们明白，我是一名校长，但我不是行政干部，我是始终醉心教育教学研究的教师。

让教师从文牍主义中摆脱出来

与一位教师朋友聊天，谈到教师负担问题，他告诉我，真正让他焦虑和厌倦的不是学生，不是备课、上课，甚至不是写论文、做课题研究，而是学校要求教师必须完成的一些事务。比如，每位学科教师必须制订学期初的教学工作计划、学期末的复习计划，完成学期中的工作小结、学期末的工作总结；如果是班主任，还必须制订班级管理工作计划、个别学生工作计划，完成家访工作记录、心理危机学生筛查记录与工作总结、班级管理期末总结；如果是教研组长或年级组长，还必须制订教研组工作计划或年级组工作计划，完成工作总结；如果是中层干部或者学校内部某个部门的负责人，还必须制订相应的工作计划，完成工作总结……。而且更让他感到崩溃的是，几乎每次总结汇报除了需要提交有严格格式要求、限定字数的文字材料，还需要制作 PPT。PPT 要求制作精美，不能只有文字和照片，还必须插入音频和视频，以便让汇报材料更"生动"、更有"说服力"……

看到他痛苦、愤懑的神色，我安慰道："作为校长，我也要写学校工作计划与总结、干部培养计划与总结、教师培训计划与总结、经费使用计划与总结、基建工作计划与总结，以及随时按照指令临时写的工作计划和总结。当然，PPT 是必不可少的，音频和视频也是必不可少的……"

说完我们都不由得笑了起来。

是呀，什么时候，我们的精力被各种计划、各种总结汇报消磨了？每到学期末，各种文字汇报材料堆积如山，一盒又一盒的台账成了我们证明自己工作的方式。苏霍姆林斯基认为：

> 教师能自由支配的时间越少，他陷在写各种各样的计划、汇报里的事情越多，那么，他没有什么东西可教的时刻就会来得越快。[1]

真是难以想象，在帕夫雷什中学，老师们不写任何工作总结和工作汇报，除了教育工作计划和课时计划，也无须拟定任何其他计划。苏霍姆林斯基不允许把教师的独立研究工作变成写官样文章，他认为应该尽可能少地让教师拟计划、写提要，不让他们做任何书面总结。他认为必须保护教师，让他们从文牍主义中摆脱出来。

苏霍姆林斯基的话促使每位校长反思：哪些工作是教师必须做的、更应该做的，哪些事情会消耗教师的心神，让教师原本细碎的工作更加烦琐？我们希望提升学校的管理水平，规范学校的管理制度，一定要采用某种固化的、留痕的东西才能达成吗？我们希望不断提升教师的专业素养，提倡教师工作要有计划、有记录、有总结，并且向自己的上级管理者进行汇报，这些计划、总结汇报一定要以书面的形式呈报上来吗？凡事要求教师列计划、写总结、做汇报，甚至只有文字材料还不行，还必须使用 PPT、录制音频和视频的形式，以求"生动活泼"，这种文牍主义盛行的根源是什么，其实质性危害又是什么呢？

在我看来，文牍主义其实是一种形式主义。要求工作处处留痕，就是让计划、总结、汇报材料成为某项工作已经"做过"或"完成"的注脚。至于实际效果，则只能根据文字材料中的一些数据、图片等去"领会"一番，其实无法得到确证——因为教育教学中的许多工作，并不是

[1] 苏霍姆林斯基. 和青年校长的谈话 [M]. 赵玮，等译. 北京：教育科学出版社，2009：67-68.

立竿见影的，也不能用数据来量化，况且有些数据本身也有可疑之处，其采集、获取的方法、路径，以及采集、获取这些数据的人的偏好，都是值得考量的。那么，由谁来考量这些东西呢？是不是为了对付这种新的考量而准备新的汇报材料呢？倘若真是如此，我们就深深陷进了文牍主义的泥淖。

这样看来，文牍主义其实也是一种粗暴、简单、僵化的管理体制，在很大程度上既反映了管理者的无能，也反映了管理者无视或不懂教育教学本质及发展规律的现实。这种管理方式，其实是目中无"人"，既没有关注教师，也没有关注学生。每个教师由于知识背景、专业领域及兴趣志向等都各不相同，因此他们的专业发展、素养提升的路径在共性的基础上，也有个性化要求，而统一撰写总结汇报材料并不能回应这种要求。从教育学生这个维度来看，教师每天面对的是活生生的人，是在家庭出身、天赋秉性、兴趣爱好、身体素质、精神发育等各方面都很不相同的生命个体，有的学生在生理、心理等方面存在某些缺陷，本身是"难教学生"，对这些学生的教育也不同于正常学生，几乎每个学生的成长都要采取有针对性的帮助策略。如果教师把大量的时间和精力放在撰写各种计划、总结汇报材料或者制作 PPT 上，就很难真正去关注学生、帮助学生。

这些年，我曾经阅读过不少教师发给我的书稿，他们希望我能够根据自己的写作经验提点儿建议。这些教师的书稿中有不少片段打动了我，让我看到了他们的思考、研究、信念和坚守。但我也发现，有些书稿洋洋洒洒数十万字，仔细阅读，却发现都是各种总结、汇报材料，杂糅了教案、论文、案例和研究报告。其中看不到真正的思考和令人信服的东西，看不到"人"的存在。我怀疑这些书稿中的很大一部分文字来源于他们平时撰写的总结和各种汇报材料。透过这些冗长的文字，我似乎看到了老师们挑灯夜战、夜以继日撰写这些主要用来应付检查但绝大部分价值不大的材料的情景。想到这些，我的心中充满了疼惜和愤懑。

仔细想来，这也是文牍主义之风遗留下来的一个令人尴尬的后果。

显然，文牍主义带来的另一个重要危害是，教师把大量的精力和时间用于对付这些总结材料，那么他们休息的时间就必然被占用了。如果教师没有一定的休息和闲暇时间，就没有办法进行创造性的工作。因为教师这份工作是相当耗费心神的，必要的休息、宁静和沉淀可以积蓄能量，让教师精神焕发地投入工作。

同时，我们也不难发现，文牍主义其实也是不相信教师的表现。一些校长高度依赖总结汇报材料，其实在一定程度上反映了他们在管理过程中的"不放心"。这些校长以为如果不抓住教师的分分秒秒，教师就会偷懒，就会应付自己的工作。诚然，我们不能认为所有教师都不需要督促和管理，也不能认为教师所有工作都不需要总结和反思，在一定的范围内教师彼此交流、分享，或向上级汇报工作进展，也并非都是无益的。但是，我们的管理不能建立在不信任、不放心的基础上。

那么，除了撰写总结和汇报材料，就没有更好的、更有效的方法来促进教师的专业发展，提升教师的素养，考核教师的工作效果了吗？回答当然是否定的。我深深认可苏霍姆林斯基的做法，作为校长，在能够控制的范围内，除了制订必要的教学计划，参与学术交流活动时需要制作 PPT 以加强效果之外，我从不要求教师撰写各种总结和汇报材料。我甚至要求教师在学术研讨中结合 PPT 进行演讲时，一律不允许念稿，以锻炼他们的现场演讲能力、与听众互动交流的能力，也不要求事后上交文字材料。最初，有几位教师很不习惯脱稿演讲，也不够自信，但经过几次锻炼之后，他们就比较从容了。为了避免教师陷入文牍主义的泥淖，我们把主要精力放在了备课、上课和学术研讨上，至于论文、科研成果的撰写和发表，必须出于自己真实的感受，有真正的研究发现。曾有人担心，我们对教师撰写总结和汇报材料等没有硬性要求，会不会造成教师工作懈怠，懒于研究，懒于写作？事实证明，当教师心中燃起热爱之火时，真正的智慧就会开启，论文、科研成果的撰写和发表成为水到渠成、顺理成章的事。我非常自豪的是，几年来，我校教师在各种平台、媒体上发表的论文和研究成果有着较大的体量，有的教师甚至出版了教育专著。

在反对文牍主义这件事上，我为什么如此坚决？除了这些理性层面的认识，还有一件小事一直警醒着我：年末，我校迎接学校管理考核，在考核机制中有一个条款，是关于青年干部培养的，要求学校必须有青年干部选拔培养机制。我在学校管理工作总结中做了说明，介绍了这两年学校选拔培养青年干部的做法，同时当场介绍了新提拔的几位青年干部。但最终还是被上级部门扣了分，理由只有一个：虽然学校培养了青年干部，但没有制订学校青年干部选拔培养计划。

你看，反对文牍主义，任重而道远。

校长的课堂基本功

这些年，我与全国各地的校长朋友们交流，发现不论哪个地域、哪个层级、哪个学段的学校，有许多观点早已经达成共识，比如，课堂是教育教学的主阵地，要千方百计地提升课堂教学效率，是所有校长都认可并高度重视的。确实，课堂是师生思想碰撞的场所，如果教师不能充分、高效地利用课堂，就会失去重要的教育时机。

苏霍姆林斯基回顾自己科研工作中最紧张的时刻就是上课和听课，他自己上课，也听同事的课。他每天至少听两节课，这不仅因为学校的工作制度要求这样，而且因为他认为需要有不断滋养自己思想的源泉，而这种源泉无疑就是课堂。他认为：

> 课，就是教育思想的源泉；课，就是创造活动的源头，就是教育信念的萌发园地。[1]

正是因为认识到课堂的重要性，作为校长，他还担任了学校文学课教师，也曾经担任过数学、音乐、俄语等不同学科的教师。他在课堂上观察学生，思考学生的思维、精神、兴趣等各种状态，以此寻找教育教学的基本规律和帮助学生的有效策略。同时，他也在这个过程中和教师一起评议课堂教学，讨论问题，了解彼此的思想和观点。他把这看作

---

[1] 苏霍姆林斯基. 和青年校长的谈话 [M]. 赵玮，等译. 北京：教育科学出版社，2009: 23.

是校长实施完善的教育领导的一个非常重要的条件。因此，苏霍姆林斯基在他漫长的校长生涯中，始终保持对课堂的高度关注，他在基础教育各个领域与层面所取得的丰硕成就正是源于课堂，课堂成为他研究的起点，也是他研究的目的本身，而这一切都指向学生的成长和教师的专业发展。在这个过程中，亲自上课和每天听课的苏霍姆林斯基，成为真正能够领导教育集体的"教师的教师"。

值得注意的是，在苏霍姆林斯基看来，课堂不应局限于室内，而应"以天地为课堂"。他极力倡导、亲自示范让学生在"绿色教室"里上课。所谓"绿色教室"，就是在室外，在草原上，在森林里，在湖水边，在挂满葡萄的藤架下，在月色里静静伫立的高高的草垛上……。他不允许学生在封闭的室内进行长时间的脑力劳动，因为这样会损坏学生的大脑和视力，不仅影响学生的身体健康，也很容易让学生丧失学习的兴趣。在"绿色教室"里上课，苏霍姆林斯基称之为"思维课"，认为这样可以激发学生的思维，开启学生的智慧，突破一些教育教学中的难点，尤其是对"难教学生"的帮助是巨大的。

苏霍姆林斯基这种"以天地为课堂"的教育教学理念，极大地影响了我。虽然我先后就职的学校都是城市学校，不具备帕夫雷什中学的环境条件，但是我不允许把学生长时间关在教室里，我重视营造轻松自然的校园环境，重视室外体育活动、劳动体验活动，包括春季、秋季大自然研学活动等。无论是葱郁葳蕤的杭州植物园，还是底蕴深厚的良渚遗址公园，都留下了孩子们的欢声笑语和研究的身影，这些都是力求让孩子们有更多的时间和机会拥有自己的"绿色教室"。

苏霍姆林斯基关于课堂的信念和坚守，给所有校长的启迪是：也许我们的工作千头万绪，各种会议、活动研讨、参观交流、总结汇报等占据了我们的绝大部分时间，我们的精力和心神常常被消耗、被牵扯、被分散，但无论如何，我们始终要把课堂置于教育教学的核心位置，也许有些工作可以由中层干部等其他人代劳，有些工作可以通过网络、电话等进行遥控指挥，但上课和听课，我们必须亲临现场。

做校长这些年，不论面临怎样的挑战，我都将上课、听课和评课作为工作的主要内容。我本人是语文教师，针对一线教师在语文教学中的疑惑和难点，我通过上课、听课、评课等方式力求展现真实课堂，研究真问题，解决真问题。比如，语文教学中的诗歌教学、童话教学、科普说明文教学，以及跨学科学习、整本书阅读等，我都亲自备课，上示范课，供老师们评议研讨。通过上课，我向一线教师呈现自己在语文教学方面最新的思考和研究成果；通过听课，我了解了学生的思维发展状况和兴趣所在，并在这个过程中看到了上课教师的教育理念、教学效率、教学技术与策略等；而通过评课，我又和老师们共同研讨了课堂教学的困惑及重点、难点的突破策略，也许不是所有问题都能得到解决，但这个研讨的过程往往会给一线教师和我本人带来很多启迪，这会成为我们专业成长的新的突破口。

有一次，我听一位青年教师上课，她刚走上教师岗位不到一年，教小学一年级数学，还是个教学新手。为了减轻我去听课可能带给她的压力，我提前一天告诉她我准备去听课的信息。上课时，我发现她确实做了很多准备：教学环节丰富，能够看到明显的层次和梯度；教学课件、学习单、练习题也都做了精心设计。但她上课有个很大的问题——她对课堂上学生学习状态的关注远远不够。她把主要精力都放在了实施教学方案上，既定的、有限的课堂时间似乎成为悬在她头顶的一把剑，她的教学给人匆忙"赶路"之感。再加上事先准备的课件在呈现时机、内容上与课堂现场有些出入，以及校长听课可能给她带来了心理压力，她有些手忙脚乱，而对学生的学习兴趣、注意力等都无暇顾及。而且，在听课过程中，我注意观察了全班每个学生的学习状态，发现有几个学生的眼神是飘忽、分散的，他们的心思不在课堂上；有几个学生听课的过程中脸上露出疑惑，也许是某个知识点让他们陷入思维的困境；还有的学生试图举手发言，但始终没有得到发言的机会（因为老师总是点几个离讲台最近的学生或积极举手的学生发言），于是在连续几次举手被忽视之后，这几个学生的眼神黯淡了，不再举手了……。课后，我与这位青年教师做了交流。我的一些判断得到了证实，她也意识到自己更多地关注教案，而对学生的关注是不够的。我请她课后回放这节课的教学视频，除了观看教学实施过程等，要着重观察学生在这节课上的学习状态。为什么我们如此强调教师要关注学生的课堂学习状态？因为课堂教学如果不以学生为中心，教师不去关注学生的思维发展、兴趣指向、注意力表征以及对教师的态度等各个方面，课堂教学就会滑向一种未知的、不可控的状态，也遑论教学效果了。

对此，苏霍姆林斯基提出了这样的观点：

> 校长和教导主任最重要的使命，就是要向教师们说明教育工作非常重要而又很难捉摸的一个方面：教师在讲课时，应一边思考他所讲的理论材料，一边观察学生的脑力劳动情况，即注意观察和分析学生的注意力、兴趣、意志努力以及他们对待脑力劳动和教师的态度。[1]

苏霍姆林斯基不止一次谈到这个观点，无论是和青年校长谈话，还是与学科教师交流，他都反复强调教师教学中对学生的关注态度。他把这看成学校工作的奠基石，如果不砌好这些奠基石，就建不成整个建筑物。而教师掌握的知识，就是这样一块奠基石。我认为这里提到的"知识"，除了学科知识，还有教育教学知识、儿童心理学知识等，也包括他所强调的教师应在课堂教学中保持对学生的关注，都是教育教学是否成功的基础，也是教育教学的基本常识。

---

[1] 苏霍姆林斯基.和青年校长的谈话[M].赵玮，等译.北京：教育科学出版社，2009：28-29.

谈到学生在课堂上对教师的态度，令我想起发生在一位教师身上的故事。她是一位英语教师，在她休产假的那几个月，她班里的好几个孩子在校园里问我："校长，英语老师什么时候回来？我们什么时候可以上她的英语课？我们一上她的英语课，就不想下课了！"

又想起有一天清晨，我走在校园的走廊上，从一间教室里传来的笑声吸引了我。透过教室的窗户，我看到了几十张快乐的笑脸，他们一起看向老师，老师也微笑着，似乎正在给他们讲一个好玩的故事，那情景真让人难忘！

我想，是什么样的老师能够让学生体会到发自内心的快乐，又是什么样的老师能够让学生不想下课呢？如果一位老师出现在教室里，学生看到他就感到开心，如果一位老师能够让学生天天盼着上课，那么，这样的教育教学就很难不成功。

而作为校长，我们要做的就是千方百计地让学校里这样的老师多起来。

校长的首要工作是什么

　　一天，我跟一位校长聊天，他告诉我，目前他在教初中二年级的科学课，尽管校长行政事务繁忙，但他还是克服种种困难，坚持上课，他所执教班级的学生学业成绩良好。虽然亲自带班上课给他带来快乐和成就感，但也给他带来很多挑战。比如，他常常因参加各种会议、培训而不得不调课，甚至在上课时因有紧急事务要处理而不得不中断上课，个别领导会因他没有及时回复电话而批评他工作效率低下……

　　我非常理解这位校长的感受。做校长十年，我深深感受到，校长这个岗位给人带来的挑战和压力是如此巨大，它需要你有一颗强大的心脏，能够沉着冷静、随机应变、拨云见日、见微知著、委曲求全……如此才能把各种纷繁复杂的事务处理得当，让各方保持稳定平衡。有人可能会觉得夸张，但当我们尝试去梳理、理解一所学校运转的规律和程序，以及一名校长所拥有的资源、权限时，就会发现，校长把大部分精力和时间给予教育教学，是一件非常困难的事情。确实，当下的学校教育承担了很多力所不逮的事情，校长作为学校管理者，有时会陷入深深的茫然，产生无力感。这当然有很多非常复杂的因素，校长要应对这些挑战，除了责任与担当，还需要勇气和智慧。但一所学校如果不以教育教学为中心，不把师生的发展放在首位，那么我们日复一日的忙碌与付出，又有什么意义呢？对校长来说，居于首位的工作究竟是什么呢？

　　对此，苏霍姆林斯基早已做出明确的回答：

我竭力做到使居于我这个校长工作首位的，不是事务性问题，而是教育问题。每天清早，上课之前，我跟总务主任交谈 10 至 15 分钟，这一天里就不再过问总务问题了。[1]

始终把教育问题放在校长工作首位，不可回避的事务性问题依靠学校中层干部、师生的集体力量去解决，是苏霍姆林斯基二十多年校长生涯的经验和智慧。在他的心中，没有什么比教育教学更重要，因此，他反对校长把自己当成行政干部，提醒校长不要让自己陷入繁杂无穷的行政事务之中，应该把主要精力和时间花在教育教学上，花在教室里，花在与孩子相处上，花在与家长交流上。所以，他每天听课、上课，与教师交流如何提高课堂教学效率，如何关注孩子在课堂上的思维和精神状态，也带着孩子们开展各种兴趣小组活动，在清晨的草原上带着孩子们朗诵诗歌，观察草叶上的露珠，描画那晶莹闪烁的一瞬间；他也带着孩子们在农场参加劳动，在碧蓝的湖水里游泳，在秋天的森林里捡拾植物的果实，骑着马给村里的老人送去新鲜采摘的葡萄和苹果……这些都发生在 20 世纪中叶，那时战争刚刚结束，百废待兴，但苏霍姆林斯基带领帕夫雷什中学的老师们创造了一个教育奇迹，也是一个美丽的教育童话。我想，这些在很大程度上都源于他具有清晰的头脑和坚定的信念，又有真正的教育勇气和智慧。他在如此复杂的挑战中，做到了真正把教育教学放在校长工作的首位，他率领教师团队在帕夫雷什中学取得惊人的教育成就，这反映了一个坚定的事实，那就是：无论学校处于怎样的环境，无论校长怎样去管理一所学校，都始终不能忘记学校工作的核心——也是校长工作的核心，即指向学生成长和发展的教育教学。

[1] 苏霍姆林斯基. 帕夫雷什中学 [M]. 赵玮，王义高，蔡兴文，等译. 北京：教育科学出版社，1983: 19.

苏霍姆林斯基非常享受与孩子们相处的时光，他一生为孩子们创作了近千篇童话和诗文，有时他把自己创作的短文和诗歌读给孩子们听，这给他带来很多欢乐。他觉得能跟孩子们谈心，交换有关周围世界的感想，非常有意义，这是一种真正接近儿童、了解儿童、教育儿童的最自然、最有效的方式。苏霍姆林斯基的文章和诗歌触动了孩子们的心灵，他们便亲自动起笔来，抒发自己的情怀。

虽然我和那位初中校长一样面对各种挑战，也无法完全做到像苏霍姆林斯基那样去处理学校的行政事务和教育问题之间的关系，但我心中始终有一个原则：学校的一切工作都要围绕教育教学来展开，在学校行政事务与教育教学发生冲突时，始终站在教育教学一边，行政事务服务于教育教学，自然要让路于教育教学。为了让这些理念落到实处，每天听课，指导教师上课，自己上观摩课，以名师工作室为载体举行各种教育教学研讨活动，帮助青年教师提升专业水平，成了我生活的主旋律。当然，校长的行政事务也不可避免，除了我必须参与的事务，其他工作都由学校副校长和各部门中层干部承担和完成。我这样做自然少了很多作为校长的"权力"，但我从不担心"大权旁落"，因为当我学会分解权力后，我就把自己从繁杂的行政事务中解放出来了，我可以专注于教育教学，专注于课程设计，专注于师生发展，甚至可以专注于对某个"难教学生"的帮助，也有了更多时间与家长交流；同时，副校长和中层干部在处理这些事务的过程中，不但锻炼了综合能力，提升了智慧，而且感受到了来自校长和整个团队的信任，责任感和担当精神就这样培养出来了。

可能有人会担心，学校副校长和中层干部分担了校长的一些行政事务，他们会不会深陷行政事务之中呢？其实，当校长分解权力之后，每个中层干部都承担了一定的行政事务，他们的工作总量并没有明显增加；而且，怎样有智慧地处理行政事务和教育教学之间的关系，校长还需要给予非常细致的指导。学校有一位青年教师由于能力出色被提拔担任学校某部门中层干部，同时承担了一个班的数学教学工作，但有一段时间他看上去忧心忡忡。经过了解后得知，原来是他自己本身教育教学任务较重，加上部门工作经验不足，有的行政事务还涉及一些他未曾涉及的专业领域，他无法独自处理，但又找不到解决问题的方向和路径，近段时间他感到不仅行政事务没做好，数学教学工作也受到了影响，因此压力很大。在这种情况下，我和学校有经验的管理干部对他进行了细致的指导，并帮助他梳理了今后解决此类问题的方法和路径，如怎样提高工作效率，怎样用好学校各部门以及学校外界的力量和资源，怎样培养自己的助手等；同时，在肯定其责任意识的前提下，强调学校行政事务都以服务教育教学为核心，不论是校长还是中层干部，都要把教育教学放在工作首位。我们心中有了这样的意识和信念，就会心明眼亮，进而拥有明晰的目标，拥有抉择的原则，犹豫、焦虑和无措也就会慢慢化解，或者迎刃而解。后来，这位青年干部的表现非常令人欣慰，他逐渐能够有智慧地、高效地处理行政事务，同时他所担任的数学教学工作也保持了较高的质量，赢得了同事、家长和学生的高度认可。

当下学校管理面临非常复杂的局面，很多理念、意愿和设想往往没那么容易在校内落地。同样，校长希望从纷繁的行政事务中解脱出来，专注于教育教学，也不是一件容易的事。这些年我与许多校长朋友在一起交流，我们常会分享彼此的管理经验，很多校长朋友的智慧和勇气让我非常敬佩。我经常会换位思考，设想我在他们所处的环境下做校长会怎样，我认为他们做到了很多我无法做到，或者做不太好的事情。当然也有一些校长朋友向我"取经"，问我做校长这些年是如何保持语文教学专业领域的"前瞻"地位，如何做到写论文、出专著、上公开课、主持特级教师工作室等多方面硕果累累的。其实，获得这些所谓成就不是因为我有多么高明，多么智慧，而是因为我心中对校长工作的朴素定位，那就是苏霍姆林斯基所坚持的——居于校长工作首位的，不应是事务性问题，而应是教育问题。

当下学校教育面临如此复杂的挑战，作为校长，我们更应该保持定力，保持清醒的头脑，抓住问题的核心，回到教育的初心，有所为，也有所不为。

校长要帮助教师提升教育技巧

我所在的学校每年都会有好几位青年教师入职。由于近年来教师地位的逐渐提升，希望从事教师工作的优秀年轻人越来越多，而入职我校的青年教师不仅要符合相应的学历、专业等要求，而且要经过层层选拔，才能走上教师工作岗位。当我在校园里看到这些青年教师时，心中既有感触，也有羡慕：他们如此年轻、有才华，对教师这个职业充满热情和干劲儿，都喜欢孩子，喜欢自己执教的学科，而这些正是成为优秀教师的基本资质和条件。但同时我也知道，他们要真正成长为优秀教师，还有很长的路要走，甚至要做好吃点儿苦头的思想准备。

为了帮助青年教师尽快成长，我校跟很多学校一样，都有一个常规做法：青蓝结对。也就是为每位青年教师找到自己的师父，让师父帮助青年教师尽快地、平稳地度过新手期。而师父们都是学校里的优秀教师，他们在学科教学、班级管理、家校沟通等方面都积累了丰富的经验。这种师徒结对的方式可以充分发挥骨干教师的智慧和力量，同时有助于增强教师团队的凝聚力，让教师更快地融入团队，找到归属感。

我也是几位青年教师的师父。作为校长，我关注这些青年教师的很多方面，包括学科教学、班级管理、家校沟通的技巧，甚至他们的生活和精神状态。当然，有关教师个人隐私的部分我不会去涉及，除非他们主动来寻求我这个"过来人"的一些帮助。我和他们在校内探讨最多的自然是教育教学工作。我希望能真正帮助这些青年教师避免在教育教学工作中可能会犯的一些错误，尽早发现他们工作中的不足，发现他们独特的天赋和才华，帮助他们走上一条充满正能量和光亮的成长路径。

新学期伊始，我去听青年教师小周的课。小周刚刚入职，是个完全的新手教师，她执教的是小学一年级科学课。虽然我本身是语文教师，但我喜欢听不同学科的课，也建议教师团队打破学科界限，多跨学科听课，甚至跨学科上课。我自己除了上语文课，也上过科学课、美术课等，在不同学科的教学中，我更加深刻地理解了知识之间的联系，以及儿童思维发展的规律。听完小周的课，我跟她一起讨论了课堂教学的一些环节，我发现她课堂教学中的问题主要是没有从现实生活中的科学现象出发，帮助学生理解科学概念；另外，她在课堂上主要关注的是自己的教案，至于学生的思维过程，甚至听课状态，都没有去关注。当然，这也是很多新手教师的通病。我在与小周交流这些问题，谈论以后的改进措施时，脑海中浮现出苏霍姆林斯基对帕夫雷什中学的青年教师菲利波夫的帮助。我在思考苏霍姆林斯基帮助青年教师提升教育技巧的整个过程，想起第一次阅读《帕夫雷什中学》时，我读到这部分内容，心中感受到强烈的震撼，这种力量一直激励着我，让我明白一位校长究竟可以在怎样丰富细致的层面上，在怎样阔大漫长的时空中，与一位青年教师一起行走，直到他也成为能帮助其他人行走的"师父"。

苏霍姆林斯基用很长的篇幅，展现了对青年教师菲利波夫的帮助和指导，在一些重要的节点上，有许多细节值得每位校长关注，这些细节可以给我们带来很多启发。

最开始是对菲利波夫的职前指导。早在菲利波夫入职之前，苏霍姆林斯基就已经开始指导他了：请菲利波夫参加学校课外工作，与他一起探讨教学方法，如何因材施教，如何给学生布置作业等。这种交流能促进互相了解，他了解了菲利波夫作为未来教师的基本情况，菲利波夫也了解了学校的教育理念，为接下来正式走上教师岗位做好准备。苏霍姆林斯基对菲利波夫的职前指导让我感慨万千，我联想到当下走上教师岗位的年轻人，对师范院校毕业生而言，他们的职前准备放在大学阶段和到学校实习的那段时间。在绝大多数情况下，这种准备只能是相对宽泛的基本理论知识准备，他们到学校实习也是匆忙的，往往针对性不强——目前学校承担了太多任务，面对来校实习的未来教师，往往难以有太多资源给他们。而非师范院校毕业生考取了教师资格证，有机会通过招考成为教师，但教育学、心理学、教学法等知识缺失系统性，需要他们在走上教师岗位之后拿出很大精力进行补课，这就使得他们的专业成长之路较长。在这种情况下，无论是师范院校毕业生还是非师范院校毕业生，当这些未来教师真正走上教师岗位后，往往会因为对教师工作缺乏足够的心理准备和实践经验，而出现种种不适应的现象，迷茫者有之，失望者有之，挫败者有之，甚至不到一年离职者亦有之。因此，加强对未来教师的职前指导非常重要。也许我们暂时无法做到像苏霍姆林斯基指导菲利波夫那样，但如果让有经验的教师和校长尽早介入对未来教师的职前指导，并在政策机制上给予一定的倾斜，那么我相信一定会改善目前新教师入职之后的种种不适应现象。

接着，是菲利波夫入职之后的第一学年。在菲利波夫入职之后，苏霍姆林斯基开始帮助菲利波夫准备头几节课，但他并没有马上去旁听菲利波夫的这几节课，他认为应当让菲利波夫有机会熟悉班级，让他放慢节奏、有条不紊地步入工作的正轨。但同时又不是对他放任不管，要防止他在教育教学的起始阶段可能产生的错误。一段时间之后，苏霍姆林斯基开始听菲利波夫的课。他跟菲利波夫约好，互相听课。他认为只听菲利波夫的课是不够的，要亲自上课给菲利波夫做出示范。于是，他上课给菲利波夫听，帮助菲利波夫弄懂学生脑力劳动的过程，突破他课堂教学中的难点。这样的互相听课持续了一年。

同时，在这一年中，菲利波夫除了听课，还研读了教育学、心理学方面的书籍。苏霍姆林斯基认为，没有理论上的认识，就不可能借鉴别人的经验和掌握教育技巧。因此，对新手教师而言，学习基础的理论知识是提高教育技巧的重要前提。

然后，菲利波夫进入工作的第二学年。首先，苏霍姆林斯基与菲利波夫一起总结了第一学年的工作，既有收获，也有不足之处。第二学年开始了，苏霍姆林斯基与菲利波夫共同备课、撰写教案。他们的研讨开始越来越深入地涉及学生脑力劳动的细节。这意味着菲利波夫的成长进入了一个新的阶段。

第二学年结束后，苏霍姆林斯基与菲利波夫一起拟定了三年成长规划。苏霍姆林斯基还是按时旁听并分析菲利波夫的课，拟出了菲利波夫需要在三年内独立研读的教育学与教学法方面的书籍。到了第四个学年，菲利波夫已经可以独立做学术报告了。这时，苏霍姆林斯基与菲利波夫又有了新的研究课题，他们对实现反馈联系的教学方式做了研究，这项研究持续了十多年的时间。后来，菲利波夫成为一名区域名师，经常做学术报告，给同行们介绍自己的工作经验。

回顾苏霍姆林斯基对菲利波夫的指导过程，前后跨越了近十五年的漫长岁月。菲利波夫从职前教师、新手教师到区域名师，这个成长历程让我们看到一位校长、真正的教育家是如何帮助一位青年教师成长的，以及他在其中起到的重要作用。同时，透过菲利波夫成长过程中的节点和细节，我们也会反思和审视自己，同样作为校长，我们又对青年教师的成长做了什么呢？

我想，苏霍姆林斯基对菲利波夫的指导，至少可以给我们带来以下启发：在一名青年教师成长为优秀教师的过程中，校长对新手教师的帮助和指导，不是一般的"青蓝结对"即可，而是要有非常具体细致、有针对性的指导，且不同的发展阶段有不同的关注侧重点，也许需要持续较长的时间；对新手教师的帮助，除了指导他们理解教材和把握重点、难点，还包括引导教师关注学生的思维发展状况、脑力劳动的过程和效果，既要关注全班学生，又要关注个别学生。

不论是教育战线的新手，还是有些经验的教师，对于校长来说，重要的是辨明他的能力、他的教育素养和一般素养、他的眼界和学识。重要的是怎样更好地防止课堂上出现各色各样的缺点和错误。听过头几节课之后就应作出结论，为改进这位教师的工作质量都需要做些什么。[1]

苏霍姆林斯基的实践经验告诉我们：校长对新手教师的指导不是一蹴而就的，从他对菲利波夫的指导过程就可以看出；而对有经验的教师，校长同样有责任帮助他们继续提升自己的教育技巧，而教育技巧的提升，在教育工作中是没有止境的。

方老师是一位有经验的教师，她阅读视野开阔，也推动本班学生去大量阅读。但我听方老师的课时发现，她在课堂教学中目标意识较弱，往往讲述一个内容时会拓展许多其他内容——拓展教学内容本身不是问题，甚至在某些时候非常必要，但她的拓展常常变成一种无目的的滑行，有些内容甚至与课堂教学内容没有关联。在这种情况下，她的阅读视野不但没有帮助她和学生突破学习重点和难点，反而让她迷失在不可预测的滑行中。课后我与她交流，指出了她课堂教学中的问题，并请她课后观看自己的教学视频，梳理课堂教学发展的逻辑与走向，以便今后不断改进和完善自己的课堂教学。帮助方老师的经历让我再一次明白，教师工作具有创造性与复杂性，要求每位教师都做到永不停下行走的脚步。

[1] 苏霍姆林斯基. 帕夫雷什中学 [M]. 赵玮，王义高，蔡兴文，等译. 北京：教育科学出版社，1983: 84-85.

第二辑

校长最重要的品质

校长要有一本记事簿

意大利作家伊塔洛·卡尔维诺在谈到"经典"的定义时，有这样一个观点："一部经典作品是一本每次重读都像初读那样带来发现的书。"这里道出了经典作品的丰富性、创造性给读者带来的常读常新的感受。在阅读文学作品时是这样，在阅读苏霍姆林斯基的教育著作时也是如此。苏霍姆林斯基一生著作丰厚，撰写了41部专著，600多篇论文，1200余篇儿童小故事。这惊人的成果，生动、全面地反映了学校教育的真实情况，高度概括、提炼与再现了学校工作的各个领域，展现了一个庞大而完整的教育体系，被称为"活的教育学""学校生活的百科全书"。

我们在感慨之余，不由得思考：苏霍姆林斯基一生深植于教育教学实践，他的著作都是实践经验的高度概括和提炼，他不仅是一位理论家，更是一位实践家，那么，这些研究成果是在怎样的状态下完成的呢？很多校长朋友都慨叹自己工作太忙，行政事务太多，没有时间上课、研究，甚至没有时间跟教师和学生在一起，更遑论写论文、做课题……但是，当我们阅读苏霍姆林斯基的著作时，又有谁不会感到惭愧呢？苏霍姆林斯基不仅是一位校长，还是一位学科教师，他教过文学、数学等很多学科，他每天去听老师们的课，带着学生开展各种兴趣小组的活动，假期中也带着学生去农场劳动、去森林探险、在湖中游泳……。虽然我们当下教育面临的挑战与20世纪的苏联有很多不同，但学校教育的本质以及为师生发展服务的根本目的却没有发生变化。同样，要办好一所学校，促进师生的生命成长，校长要有怎样的研究能力、视野与胸怀、眼光与智慧，以及把时间、精力分配到哪里，把什么工作放在首位，都可以从苏霍姆林斯基身上受到启迪。

在校长生涯中，苏霍姆林斯基有许多非常具体的、借鉴性极强的实践经验，例如，他主张教师要写教育日记：

> 我建议每一位教师都来写教育日记。教育日记并不是什么对它提出某些格式要求的官方文献，而是一种个人的随笔记录，在日常工作中就可以记。这些记录是思考和创造的源泉。那种连续记了 10 年、20 年甚至 30 年的教师日记，是一笔巨大的财富。[1]

苏霍姆林斯基写教育日记长达三十多年，在他的教育日记中，既有对某个学生、某种现象的观察，也有自己的教育教学体会；既有长达数十年的连续记录，也有某个瞬间的即时思索；既有对经验与收获的小结，也有对教训与不足的审视。这种教育日记不需要某种专门的、固定的格式，就是一种随时记录。因此，我们不难做出这样的推测：苏霍姆林斯基在基础教育领域的全面的、创造性的丰硕成果，都体现在他的数十本著作和上千篇文章中，这些作品不是他专门拿出时间去撰写的，而是来源于他数十年如一日的记录。因此，他把这些教育日记称为一笔巨大的财富。

对苏霍姆林斯基来说，所谓"巨大的财富"不是指他出版了多少本教育专著，而是指他在写教育日记的过程中，深深感受到了这样做的意义：

> 凡是引起你注意的，或者引起你一些模糊想法的每一个事实，

---

[1] 苏霍姆林斯基. 给教师的建议（全一册）[M]. 杜殿坤，编译. 2 版. 北京：教育科学出版社，1984: 123.

你都要记入记事簿里。积累事实，善于从一些具体事物中看出共性的东西——这是一种智力基础，有了这个智力基础，你就必然会有那么一个顿然领悟的时刻，那长久躲闪着你的真理实质，会突然出现在你面前。[1]

可以说，教师写教育日记本身就是参与教育研究的过程，也是发现教育真理的路径。多年的教育日记，是点点滴滴的积累，那些教育教学中的点滴收获、成功经验抑或失败教训，以及当时不太起眼的微小发现，成为教师不断思考与改进自己教育教学行为的基础，并促使教师不断更新教育教学理念。因此，苏霍姆林斯基建议青年校长和教导主任随身带一个本子，把值得关注的一切及时记录下来。这样我们就能每天都向前看，我们的视野会不断延伸，专业发展永远不会停下前行的脚步。终有一天，我们会豁然顿悟，把那些长久以来困扰着我们、令我们彷徨迷惘的迷雾拨开，打开一个美丽的新世界，实现认识与思维的跃升。所谓教师专业发展，不就是在这样的过程中得以实现的吗？

正是认识到写教育日记对教师专业发展的重要性，我校在教育教学常规要求和校本研修的具体内容中，都有教师写教育日记的相关规定，也引导教师对写教育日记的意义达成共识。需要指出的是，"教育日记"只是一种比较宽泛的说法，在实践中我们常说的教育叙事、教育随笔、教育案例、教育反思等，其内容、主题和灵感大都是从"教育日记"中来的，有的甚至本身就是"教育日记"。为了帮助教师养成及时记录、反思的习惯，学校规定，教师要在每节课后都抽时间写教学反思，记录课堂教学效果、问题产生的原因及改进措施，为后续"二次备课"提供依据。这些教学反思不一定是长篇大论，可以用简短的几句话表达。我

[1] 苏霍姆林斯基.和青年校长的谈话 [M].赵玮，等译.北京：教育科学出版社，2009：249.

们关注的不是形式和篇幅，而是强调要及时记录，以便对教学产生实质性的促进作用。反之，如果要求教师在每节课后都写比较完整的教学反思且强调篇幅字数，就无法做到持久，会给教师增加额外负担，反而会影响教育效果。作为校长，我经常会翻阅浏览老师们的教学设计，我不仅看他们的教学设计是否合理、有效，是否抓住了教学重点与难点，是否符合这个年龄段儿童的思维发展规律，我也有意去看老师们在教学设计后面所写的"教学反思"。我甚至觉得这些及时记录的教学反思，哪怕是一个片段，甚至只是只言片语，都更值得去关注、珍惜和尊重。这些文字让我如此真实地触到了老师们的心灵和智慧，一位老师的记录让我至今难忘："这节课，小 A 的眼神跟我交汇了，虽然只是那么短暂的一瞬，但他眼里的光泽让我意识到，我开始进入他的内心。"

我了解小 A，他是一个自闭症儿童，在我们学校随班就读已经两年了。为了帮助小 A，班主任姜老师在小 A 身上倾注了爱与智慧。尽管我大致了解姜老师在小 A 身上的付出，但看到这段文字时，我还是被深深感动。在我看来，这样的只言片语，蕴含着一位优秀教师对学生深沉的爱与丰富的智慧，蕴含着"为你千千万万遍"的付出之后终于获得回应的感喟，也蕴含着希望的喜悦、对自身的鼓舞和为人之师的自豪。这是教师真正参与教育研究的途径。

> 教育研究的途径就是这样：从初步的观察和简短的记录，到广泛而深入地研究学生大脑中、意识中所发生的过程的实质。[1]

是的，如果没有这些初步的观察和简短的记录，我们就不可能进行更加广泛而深入的研究。在课堂上，儿童的思维发展、精神意识经历

---

[1] 苏霍姆林斯基.和青年校长的谈话 [M].赵玮，等译.北京：教育科学出版社，2009：252.

了怎样的过程，我们的措施是否奏效，原有的认识与预测是否准确、合理，都可以在这些记录中寻到依据。

我们还在校内举行教育叙事、教育随笔与教育案例的写作比赛与写作经验交流。我们澄清和避免了一些常见的误区，如一提到教育写作，很多学校和教师只重视教育教学论文、课题研究报告的写作，认为教育叙事、随笔和案例是"小儿科"。其实，真正的教育智慧就在其中。一方面，我们一起研读苏霍姆林斯基的著作，通过著作中随处可见的鲜活的案例，大家深深领悟到，及时记录自己的观察和发现，本身就是参与教育研究的过程和途径，可以帮助我们不断总结、提炼和升华；另一方面，我和学校教师团队中在教育写作方面比较有经验的教师一起，介绍自身写教育日记的收获，呈现自己由最初写教育日记，到出版教育专著的过程。我给老师们讲述了我出版第一本教育专著的感受，提到了教育日记在这本书中的分量和所起的关键作用。可以说，如果没有我的教育日记，就没有我的第一本教育专著，没有我的蝶变与较快成长。我工作室的学员小施老师，几年来对民间文学阅读颇有研究，她准备写一本书，梳理与总结这几年的研究成果。我建议她做案头准备工作时一定要有一个"记事本"（不一定是纸质本，可以在电脑上记录，效率更高，也更便于查找和保存），及时做好记录，将自己的所思所想及时写下来，不仅可以为写作积累素材，而且在记录过程中也许可以突破某些研究困境。

校长最重要的品质

　　什么样的人适合做校长？这个问题很重要，答案也很多，比如，校长要有卓越的领导才能，校长要有丰富的管理智慧，校长要对教育教学有深刻的洞察，校长要有寻找、整合各种资源的能力，等等。这些答案都没什么问题。以上能力确实很重要，但具备了这些能力就能做一名好校长吗？苏霍姆林斯基给出了答案：

　　　　校长肩负的重大责任对他的精神世界——道德情操、智力素养、意志品质，提出了许多要求。首先，一个最主要又是最重要的品质（不具备这个品质，就不能当校长，就像不是任何人都能当教师一样）就是：深深热爱孩子，有跟孩子们在一起的内在需要，有深刻的人道精神，有深入到儿童精神世界中去并了解和觉察每个学生的个性和个人特点的能力。[1]

　　在苏霍姆林斯基看来，做校长最重要的品质就是深深热爱孩子，只有把整个心灵献给孩子，才会激发心中的人道主义精神和慈悲的情怀，设身处地站在儿童的立场上，呵护敏感的童心，跟他分享快乐，也为他分担痛苦，用真挚的同情和真诚的关怀，去给他最恰当、最宝贵的帮

[1] 苏霍姆林斯基. 帕夫雷什中学 [M]. 赵玮，王义高，蔡兴文，等译. 北京：教育科学出版社，1983: 1-2.

助。很难想象，一个不爱孩子或者爱得不够的人可以做一名好校长。这些年，我不断重读苏霍姆林斯基的著作，每次都有新的发现和感触，有一种感受始终激荡着我的心怀，随着时光的流逝，随着我校长生涯的延伸，我越来越深切地认同苏霍姆林斯基的观点：要做一名好校长（也包括做一名好老师），就要把整个心灵献给孩子。苏霍姆林斯基是一个为了爱孩子而来到这个世界的人，他的无数教育案例都是对孩子的爱的诠释。无论是对"难教学生"的帮助，还是在教育教学各个领域的实践经验，都在告诉我们，爱就像一束火苗，可以点燃每位教师的热情，激发每位教师的智慧，同时，让教师更容易接近学生，理解学生，从而帮助学生。

但是，爱不是空洞的口号，对学生的爱更是体现在琐碎的细节中，也体现在对每个学生的帮助、尊重和包容中。苏霍姆林斯基每天跟那些"难教学生"一起阅读，一起参加课外小组活动，带着学生去参加农场劳动，在学校后面的山坡上种植苹果树和葡萄苗；在学生遭受痛苦时，给他们帮助和安慰；他从不给学习困难的学生打不及格的分数，而是通过阅读、自然课堂、课外小组等各种方法开启学生的智慧，始终呵护着他们对学习的兴趣和向上的愿望。哪怕是面对偷东西的学生、考试作弊的学生，他都不会把那些学生搞成学校里人尽皆知的"坏典型"，而是通过教师的智慧和道德与精神上的力量改变那些学生。他甚至主张"执拗性格万岁"，面对那些性格执拗、不够听话，甚至敢于顶撞教师的学生，他提醒每位教师要用宽容和明智保护学生的人格与自尊。当然，苏霍姆林斯基对学生的爱不是盲目的，他反对教师做"没有文化的保姆"，其中蕴藏着丰富的教育智慧，值得我们去细细体会。

每天清晨，在校门口或校园里遇到三三两两来上学的孩子，他们都会用清脆的童声跟我打招呼："校长，早上好！"我一定会逐一回应，偶尔遇到没有主动跟我打招呼的孩子，我会主动向他问好："小朋友，早上好！"于是，迎接我的是一张略带害羞的明媚的笑脸。每天放学，孩子们排着队走出校园，依然会用清脆的童声跟我告别："校长，明天见！"我再一次逐一回应："小朋友，明天见！"

这一幕，几乎每天都在上演。我为什么对这样简单的仪式乐此不疲？其实，我有着强烈的"私心"。每天早晨，孩子们的笑脸和问候，会在我的心中注入巨大的能量，让我有信心面对一天的工作挑战。每天傍晚的告别，又会让我心灵宁静。一天的工作结束后，我会思索——这一天中所有的工作，经历的一切，是否真正站在了儿童的立场？是否真正以儿童生命成长为核心？是否以长远的眼光而非急功近利的心态做某些决策？在十年的校长生涯里，我有很多充满愉悦、自豪和成就感的时刻，也有一些迷茫、委屈、痛苦、愤懑的时刻，我不断地审视和反思自己，从最初的一线教师，到区域语文教研员，再到校长，领导过城市中心的老牌公办学校，创办过位于农村和科技新区的新学校，多年历练，我究竟在多大程度上实现了当年做校长的初心？正是从苏霍姆林斯基的身上，我明白了，真正的教育家应该生长在学校，所以我从教研员的位置上退下来，选择回到学校做校长。我希望以自己的努力和亲身实践，去做苏霍姆林斯基那样的校长，去打造帕夫雷什中学那样的学校。

我工作过的一所学校，曾发生过一起学生在楼梯上不慎摔倒磕坏牙齿的意外事故。这类事故在学校虽属常见，但处理起来非常棘手。事故发生后，面对家长的质疑和家长激动的情绪，我跟班主任与家长在讨论解决方案时，首先表达了意外事故发生后，看到孩子所承受的痛苦，想到可能对以后产生的影响，老师和家长一样非常心疼，至于事故责任的划分，是在孩子得到了合理、规范的治疗前提下，站在多方立场去协商讨论。当我们多次表达出对孩子的关心胜过对责任的划分，并通过很多方式去安慰、看望和帮助孩子及家长，确保孩子和家长能得到我们的帮助后，家长渐渐与我们达成了共识，孩子得到了规范的治疗。后来，经过多次协商，学校比较完满地解决了这个事件。事后，我们对该事件的全部过程进行了复盘，我们认识到，事情最终得到圆满解决，其中一个很重要的因素是，我们与家长感同身受，对孩子的爱胜过一切。因为有了爱，所以就有了共同面对问题、解决问题的情感基础。

当然，不是所有的问题都能这样顺利解决。比如，近几年感统失调、患有自闭症等的儿童呈上升趋势，由于部分家长认知的缺失，有些孩子在入学前并没有得到规范的治疗和帮助。班级里若有这样的学生，教师的工作量会增加很多，同时如果教师处理不当，也会对其他学生产生影响。但这些学生其实更需要老师的爱。我和老师们一起探讨对这些特殊儿童的帮助方法，不仅关注学生的学习，更关注学生的身心全面发展。我们达成了这样的共识：每个学生都是天使，不论这些学生情况如何，我们不仅应该不嫌弃、不放弃，还要把更多的爱给予他们。

小芃是一个患有先天性肌肉萎缩的残疾儿童，他每天都在家长的搀扶下一步一步慢慢挪进校园。有时，早晨看到小芃远远过来，我就会大声喊："小芃，早上好！"在学校举办各种公开课教学和演出活动时，小芃从不缺席。午餐时，考虑到小芃去食堂就餐很不方便，食堂就安排专人将小芃的饭菜送到教室。后来，这个任务交给了小芃所在班级的同学。新学年，小芃的教室换到了三楼（原来为了照顾他，他所在班级教室被专门安排在一楼），我们打破了出于安全考虑学生不能乘坐校内电梯的规定，专门给小芃定制了电梯卡，并教会他如何使用电梯，在紧急情况下如何呼救等。做这些事情非常烦琐，需要极大的耐心和细心，而我们做这一切都基于一个重要的基础，那就是对孩子的爱。我希望，通过这些小事，让每个孩子，尤其是特殊儿童都能感受到来自老师和小伙伴的善意。我坚信，如果一个人在他的童年时代更多地感受到了善意、爱与关怀，那些善意、爱与关怀就会像一束光，照亮、温暖他一生的道路。

苏霍姆林斯基提醒我们：

不要忘记，孩子们对欢乐和苦恼、善与恶有自己的衡量尺度。有经验的、敏感的教师决不会忘记，他本人也是从童年过来的。必须设身处地站在儿童的立场上，为他分担痛苦，给他以帮助。对儿童来说，最适当、最宝贵的帮助，往往就是同情和真诚的关怀。[1]

读到这样的话语时，我几乎可以说是"顿悟"：对每个教育工作者而言，对儿童的爱，其实没有什么高深的理论，只不过要永远记得：自己也曾经是一个孩子。

---

[1] 苏霍姆林斯基. 和青年校长的谈话 [M]. 赵玮，等译. 北京：教育科学出版社，2009：128-129.

校长怎样做教师的思想工作

一天傍晚，青年教师小汪来到我的办公室。她是一名刚刚走上教师工作岗位的新教师，新学年担任了小学一年级的班主任和语文教学工作。她看上去忧心忡忡，欲言又止。我大概猜到了她的来意。开学一周来，我一直在关注包括她在内的几位新教师的工作情况，看看有什么需要帮助和提醒的，同时会随机做一些班级管理、课堂教学等方面的指导。我注意到小汪非常努力，但她在教育教学中还是出现了新手教师常见的一些问题。比如，课堂上她对学生提出的要求很难落实，总有学生随便离开座位，或者东张西望，或者不停地玩手里的东西；学生排队做操、就餐、如厕都没有秩序……几天下来，小汪的嗓子哑了。我知道小汪的压力很大，此时她来找我，我觉得正是时候——哪怕她不来找我，我也会主动找她。

我鼓励小汪把自己的困惑说出来，也跟小汪谈起了我自己刚刚走上教师岗位的时候发生的糗事。小汪笑了起来，渐渐地打开了话匣子，她谈了这段时间面临的很多困难，言谈中流露出的沮丧和自我怀疑，让我非常心疼。我觉得小汪这样的新教师在入职之初会面临很多困难，这些困难是他们在师范教育中没有切身体会过的。实习阶段由于有指导教师的帮助，新教师面临的困难似乎不多，因为他们没有独立解决问题的体验，所以当他们真正独立面对教育教学实践中一些非常具体的问题时，就会产生很大的压力。此刻，小汪这样的新教师特别需要疏解压力。

我跟小汪谈起了我的教师生涯，尤其是谈到了刚刚走上教师岗位时的经历。我谈到了在我的课堂上学生如何捣乱而我束手无策，谈到了学生不写作业而我怎么都追不回来，谈到学生在操场上跑步时摔破了腿而我表现得比学生还怕，也谈到了家长质疑我的能力要求给孩子换班而我如何沮丧……。我曾一度觉得自己不是当教师的料，甚至产生过离开教师队伍的想法，直到我读到苏霍姆林斯基的《给教师的建议》，我第一次看到教育是如何作为一种信仰融入一个人的生命，第一次感受到做教师的自豪感，第一次理解所谓做教科研不是什么高不可攀的事情，于是，我开始写教育日记，开始带着研究的眼光从事每天的教育教学工作。后来，我除了阅读苏霍姆林斯基的著作，又读了夸美纽斯、蒙台梭利、洛克、杜威等教育名家的著作，从此走上了教育科研和教育阅读与写作之路，这些又对我的课堂教学产生了重大影响，有力地帮助我不断改进自己的课堂教学方法、班级管理方法等。同时，我也谈到了学校教师团队对我的帮助，谈到了我的师父如何以身示范，如何细致地指导我备课、批改作业、与家长交流……

看到小汪的神色稍显轻松了一些，我又谈到了我校现有的和即将启动的帮助青年教师的一些方法和路径，这些都会有针对性地解决小汪这样的新教师面临的困惑和问题。夜幕降临，我与小汪的谈话持续了近两个小时。最后，小汪的脸上露出了微笑，离开了我的办公室。

我明白，这样的谈话确实能疏解新教师的一些压力，但解决问题的根本办法是让她得到一些具体的操作性强的指导，在实践中不断改进做法和丰富经验。但这种谈话的意义就在于，深入教师心灵，让她明白自己不是一个人在战斗，她目前所遭遇的困境是新教师普遍会遇到的，这是新教师专业发展必然经过的阶段；同时，能帮她指明方向，树立愿景，建立信心。

苏霍姆林斯基非常认可这种工作方法：

进行个别的、亲切友好的、推心置腹的谈话，是校长对教师做工作的主要方法。[1]

由此可以看出，苏霍姆林斯基的人道主义精神不仅反映在他对学生的态度上，也反映在他做教师工作的方法中。他不仅强调要关注、呵护每个学生的心灵，要相信每个学生，尊重每个生命个体，同时强调要呵护、关注、相信与尊重每位教师。为此，他与教师进行了上千次这样的谈话，有时是因为教师的一句话、一丝微笑或一个发怒的眼神，而进行短则一个小时，长则三个小时的谈话。可以想见，为了帮助教师，苏霍姆林斯基付出了很多，同时我们也会为他做教师工作的细致程度、涉猎之广而深深感动。因此，帕夫雷什中学的教师团队是如此卓越，每位教师都博学多才、独当一面，在各自的教育教学领域焕发出光彩，这与苏霍姆林斯基的教师工作是分不开的。的确，又有哪位教师是天生完美，没有经历生涩局促的新手阶段，就成为一位不需要校长操心的卓越教师的呢？

正是因为发自内心地尊重与呵护教师，所以苏霍姆林斯基的学校管理工作都是以"人"为中心。比如，他从没草拟过一道涉及教育过程的指令，认为这在校长工作中是毫无意义的。同样，他从不把跟某个教师的任何一起最复杂的争论拿到校务会议上去讨论。我想，他是不希望通过下达指令的方式强迫教师去执行，而是把所有的做法和要求都建立在教师能真正理解、认可的基础上，他认为只有这样才能真正赢得教师的信任，调动起教师工作的主动性、积极性和创造性。

值得注意的是，苏霍姆林斯基虽然主张与教师进行推心置腹的谈话的工作方式，但他并不是只看重在言语上说服教师，他更看重教师谈话之后的实际行动。因此，只有成功地说服教师，并从教师的实际行动中

---

[1] 苏霍姆林斯基. 帕夫雷什中学 [M]. 赵玮，王义高，蔡兴文，等译. 北京: 教育科学出版社，1983: 9.

看出他已经心悦诚服，苏霍姆林斯基才认为他完成了自己作为领导者的使命。

想到苏霍姆林斯基与教师的上千次谈话，我的心中除了感佩，还有一些实际问题，比如，他会与老师们谈些什么呢？那些长达数小时的谈话，是怎样展开的呢？他举了哪些例子，谈了哪些经验，列了哪些方法，从而让老师们最终心悦诚服？当然，苏霍姆林斯基也提到大多数谈话是愉快的，但也有些谈话是不太愉快的。那么，那些不太愉快的谈话，他们都在谈论什么？面对教师不同的见解，苏霍姆林斯基又是怎么处理的呢？苏霍姆林斯基谈到了他与一位女教师的谈话，谈话涉及女教师对学生的冷漠态度，这一点让苏霍姆林斯基觉得非常不应该，因此他花了很长时间去分析女教师的错误观点并说服她。我想，从这个例子可以看出，苏霍姆林斯基做教师工作的出发点依然是对学生的爱与信任，同时体现出他做教师工作的范围之广，着力点之细小。这就给所有的校长以启发，我们在做教师工作时，谈话的主题、观点及方法等可以拓展到教师工作的方方面面。比如，我们可以针对教师教学方法的不足之处进行谈话，对其进行一些具体的、操作性强的指导，让教师在改进自己的教学时有章可循；可以针对教师与家长交流时遇到的问题进行谈话，帮助教师学会站在家长的立场去考虑问题，这样有些问题和矛盾也许就会迎刃而解；可以针对校园突发事件进行事后谈话，帮助教师梳理处理校园突发事件的流程、方法，告诉他们这样做的必要性；也可以针对教师对自身职业的认识进行谈话，加强教师对自身职业的认同感和自豪感；还可以针对教师专业发展的方向和路径进行谈话，了解教师不同的专业发展需求及其个性、兴趣与特长，帮助教师建立合理的、具有挑战性的发展规划……当然，还可以像苏霍姆林斯基那样，关注教师工作中的一些细节，透过细节看本质，发现问题后及时去解决。

我在思考、探索这些问题时忽然发现，除了谈话，苏霍姆林斯基做教师工作其实还有一个更重要的方法，那就是校长身先士卒、事必躬亲、率先垂范。无论是学科教学、课外活动，还是与家长交流，或者是参与劳动、带动师生阅读与写作等，苏霍姆林斯基无不深度参与。他把自己在教育教学中的研究和发现分享给老师们，也让老师们将自己的学术研究成果展现在学校的学术舞台上。他对学生的爱与信任，他在基础教育各个领域长期的执着探索，他长达数十年的无条件付出和丰硕的研究成果，甚至他个人的成长经历、教师生涯，都成为无声的榜样，在帕夫雷什中学的教师团队中树起了一面不倒的旗帜，点亮了一座永不熄灭的灯塔。

与教师一起研究

这几年我与一些校长朋友交流，发现一个问题一直困扰着大家：为什么有些教师有那么沉重的倦怠感，甚至一些青年教师走上工作岗位没几年就丧失了激情？

有人说，是当今社会的诱惑太多，而教师这个职业是如此单调，如果教师没有一颗强大的内心，是无法抵抗这些诱惑的。诚然，现在我们的收入还谈不上体面；我们工作的环境虽然相对单纯，但在有些人眼中却意味着封闭与乏味；还有，我们的工作压力太大，而社会、家长的要求又日益提高……但是，这些是不是造成教师职业倦怠的主要原因呢？

审视自身，坦白地说，虽然我也有沮丧的时候，但几乎很少有职业倦怠感。这并不是因为我有强大的内心，或者有超人一等的意志。那么，为什么我有这样的工作热情呢？我认为，单从我的写作经历便可以回答这一点。这些年，经常有人问我："你出版了那么多书，发表了那么多文章，你不觉得累吗？"其实，我很想反问一句："你没写这么多书，没发表这么多文章，你怎么知道这一定是一件很累很苦的事情呢？"事实上，2010年寒假，我写作《跟苏霍姆林斯基学当班主任》一书只用20天就完成了初稿，保持着每天6000字的写作速度。2010年的整个寒假，我都是在这种高强度的脑力与体力的双重劳作中度过的。在有些人看来，寒假这样度过无异于一种受难——不看春晚，不去旅游，极少聚会，甚至购物欲望都降到了最低点……但真正沉浸其中的我却得到了巨大的回报，正如我在一篇文章中所写的："这样的研究和写作犹如爬山，但当我经过艰苦的跋涉终于攀上顶峰的那一刹那，所有的辛劳都化作一种快慰，这种体验总让我迷醉，可能这也是我这些年不肯停笔的原因吧。"

是的，一种快慰，常人难以获得的高峰体验，不断发现自己、化茧为蝶的巨大惊喜，这就是回报，是必须付出伴着汗水的劳作之后才能拥有的丰硕收获。一旦你有了这样的经历，你便会深陷其中，乐此不疲。那些曾经的山重水复与挥汗如雨，都会成为一种强烈的暗示，暗示着即将到来的柳暗花明的豁然欣喜，也暗示着漫山遍野的绚烂与芬芳。

所以，我首先是从自己身上找到了教师克服职业倦怠的一种方法：试着给自己一点儿挑战，然后迎接它，想办法完成它。当然，最初的挑战应该在自己的能力范围之内，让自己花一些力气就可以完成，然后才去享受那种完成后的愉悦。这种愉悦也许在有些人看来不值一提，但对我来说，它会化为一种能量，让我有信心和勇气为后续的挑战而努力。渐渐地，这种体验越来越多，我们就会明白：挑战有多大，愉悦感就有多强。

当然，这样做依赖的还是教师自身的能动性。假如有的教师连这点儿能动性都没有，怎么办呢？不能排除这种可能。我见过有老师不写论文，不做研究，不阅读，甚至不要荣誉，不要奖金，他八小时之外从来不会考虑与教育教学有关的事情，因为他更感兴趣的事情多的是。那么，遇到这种教师，怎么办呢？我想，这时候管理就应该起作用了。

这里所说的管理并不是一种强制，也不是出台严格的、事无巨细的行政管理制度。事实上，严苛的管理制度往往会加剧教师的倦怠感，让学校成为牢笼。真正好的管理应该是在一个群体内营造一种气氛，让一部分有能动性的教师去影响一部分暂时没有能动性的教师；同时，这种气氛要能够唤醒教师内心深处沉睡的东西，比如热情、向往、期待、好奇等。那么，如何营造这种气氛呢？

首先，我们要让每位教师都能走上教育教学研究之路。苏霍姆林斯基曾这样告诫校长，如果你想让教育工作给教师带来快乐，让每天的上课不至于变成单调乏味的苦差，那就请你把每个教师引上研究的幸福之路。每位教师都不做教书匠，都来做研究者，不是让教师日复一日地备课、上课，不加审视与反思，而是要让教师在这个过程中体验到幸福感、成就感。当然，不是每位教师都能做科研课题，我们也决不把做课题看成教育教学研究的全部，每位教师都可以用自己的方式参与教育教学研究。比如，做课堂教学观察，做教学难点突破研究，写教育叙事，做问题生案例研究，做班级管理策略研究，做小课程开发，甚至研究家校沟通的方法，这些都属于教育教学研究的范畴。这样一来，教育教学研究的范畴就广了，教师的选择余地就大了，每位教师都可以找到适合自己的、感兴趣的研究方式与研究领域。自然，在感兴趣的研究领域，运用适合自己的研究方式，就比较容易获得成功。一旦教师有了一定的成功体验，他内心的热情就会被渐渐地唤醒。

在这里我们要避免教师陷入一个误区，以为教育研究是专家的事。苏霍姆林斯基有这样的观点：

> 对教师来说，研究工作并不是什么神秘的、高不可攀的事。不要一听说研究就胆怯。教育工作（只要是真正创造性的劳动），就其实质来说，已经接近于科学研究。[1]

校长要让每位教师都把教育研究看成教育工作本身，因为我们面对的是独一无二的生命个体，这份工作的创造性、复杂性和常做常新的特性也正是表现在这里。每位教师都要树立一种信念，就是要带着研究的眼光去开展教育教学工作。教师进行教育教学研究不是游离于日常工作的额外任务，而是教师这份工作的创造性所决定的。

---

[1] 苏霍姆林斯基. 和青年校长的谈话 [M]. 赵玮，等译. 北京：教育科学出版社，2009: 90.

苏霍姆林斯基介绍了帕夫雷什中学的低年级教师维尔霍维妮娜进行创造性研究工作的经历。起初她看上去并没有什么超越其他教师的特别之处，她从教育教学的日常观察中发现儿童思维发展、语言交流等方面的问题，把这些问题作为自己的研究内容，取得了创造性研究成果。她自己也成长为一名区域优秀教师，多次在教师集体中做学术报告，介绍自己的创造性研究成果。维尔霍维妮娜的研究经历，其实展现了一线教师进行教育研究的常规路径，那就是从教育教学工作的日常出发，在观察中思考，在思考中探究，把教育实践中的真实问题当作研究内容。如此，教育教学工作就变成了一种创造性研究工作，教师的专业价值和尊严就体现在这里。

有一些校长可能会对自己所在学校的教师队伍产生一些抱怨，比如没有优秀教师，没有教学带头人，缺乏像维尔霍维妮娜这样的教师，因此很难在教师集体中推动教师的创造性研究工作。苏霍姆林斯基提出了解决此类问题的突破口：

> 你刚开始担任校长工作时，可能会认为，你的学校里没有经验丰富的、得力的教师，很难激发起教师的首创精神。如果你想培养出这样得力的教师，那么我建议你跟他们一起从研究儿童是怎样感知自然现象、怎样感知周围世界这样一个问题做起。[1]

因此，我们还是要回到儿童，从儿童出发，找到研究的突破口，这既是一种研究的路径，也是研究目的本身。作为校长，我们既应该千方百计地为教师在日常工作中的创造性研究创造条件、搭建平台、寻找载体，同时应该身先士卒，与教师一起进行研究。我做校长期间，尽管面临种种挑战，但我从来没有停下过研究的脚步：面对教师在阅读方面的

[1] 苏霍姆林斯基. 和青年校长的谈话 [M]. 赵玮，等译. 北京：教育科学出版社，2009：93.

困惑，我研究了推动教师阅读和儿童阅读的课程实施路径，打造了一支阅读课程领域的学术团队；面对教师在语文学科教学方面的难点，我研究了语文教学中的系列难点问题，近几年又专注于培养儿童高阶阅读能力；面对教师专业发展方面的迷茫，我研究了青年教师可能出现的共性问题，并提出了解决问题的参考策略，也研究了优秀教师如何突破自己的职业发展高原期，找到新的发展空间；等等。这些年，我不断地上公开课，发表论文，出版专著，这些都算是我的研究成果。正如苏霍姆林斯基所说，校长是学校里为首的教师、为首的班主任、教师的教师，校长面前有着创造性探索的无限广阔的天地。我们必须首先点燃自己的火花，再去点燃教师团队的火花。我坚信，一名对工作充满激情、专注于创造性研究的校长，必然会带动学校教师团队，形成创造性研究氛围，也让每位教师感受到教师职业的幸福感和自豪感。

其次，校长要让每位教师在教育研究中逐渐成长为学校的重要人物，成为学校的骄傲。我们承认每个学生都拥有各自的潜能，同样，学校也要善于发掘每位教师的优势，帮助他们找到自己擅长的领域。不是每位教师都能上精彩纷呈的公开课，也不是每位教师都能妙语连珠、文采飞扬，哪怕是一位大家公认的优秀教师也不可能完全没有短板。一所学校在打造教师队伍时，应该尽可能做到不让一位教师感觉到自己在这个集体中是可有可无的，每位教师都是这个团队的骄傲，要让他在某个领域具有一种当仁不让、舍我其谁的自信。这也是目前我在打造教师队伍时做的很重要的一项工作。

苏霍姆林斯基非常重视教师间精神财富的交流与分享：

教师集体的精神财富，就是教师间精神财富的经常交流。只有当每个人对同志们都有所贡献时，集体的生活才能生气蓬勃。[1]

---

[1] 苏霍姆林斯基. 和青年校长的谈话 [M]. 赵玮，等译. 北京：教育科学出版社，2009: 96.

不依靠行政命令和死板刚性的管理制度，而是重视教师个体的精神财富对集体的贡献，这能激发每位教师内心的自豪感、创造性，使其拥有专业尊严，让工作和生活不再成为单调的例行义务。

我曾任职的一所学校有一位教师原是省体校射击队专业队员，退役后来到学校做体育教师，前任校长便千方百计地争取各方面的支持，在学校建造了专业的射击馆，让这位教师担任教练，并让他承担学校射击队的训练工作。后来，射击项目成为学校的特色品牌，学校射击队不但屡次在省、市中小学射击比赛中夺得冠军，还给省队输送了不少优秀运动员。学校还有一位老教师，多年来在数学教学中积累了丰富的经验，她所执教的班级成绩特别优异，远近闻名。她用自己的智慧、认真与敬业让每位青年教师懂得了一个道理：优秀与年龄无关。

我想，这样的教师就是学校的骄傲。所以，在各种不同的场合，我都充满自豪地谈起他们，让每个有机会了解我们学校的人都知道他们。学校出台了"新师者"提升计划，我们通过"新师者论坛""新师者阅读""新师者写作""新师者科研"等项目，让每位教师都能发挥自己的专长，都能展现出更美好的自己。

站在儿童的立场

    5 岁的小女孩美依，突然被妈妈指派去商店买牛奶，但是美依从来没有一个人去买过牛奶。第一次上街买东西，成为小女孩美依的一件大事。美依很兴奋，但也很紧张。她紧紧地攥着钱，走出了家门，走到了卖牛奶的便利店。在路上，她躲开了像风一样疾驰而过的自行车，差点儿被自行车撞到。她因为跑得太急，被石头绊倒，摔破了腿。但她连忙爬了起来，继续往便利店走去。来到便利店，她发现要开口说"买牛奶"依然是一件需要拿出勇气的事情——店里老板娘不在，她要大声喊"我要买牛奶"，这需要拿出勇气；当老板娘只顾着跟其他成年顾客聊天卖东西的时候，美依被挤到一边，如何面对、忍受这种冷落和无视，这需要勇气；直到店里只剩下美依一个人，老板娘依然没有注意到个子小小的美依，美依突然大声地喊了起来"我要买牛奶"，这依然需要勇气。美依紧张得心"扑通、扑通"直跳，眼睛也眨巴个不停。老板娘发自内心地道歉和热情地招呼后，美依一直忍着的眼泪终于掉了下来。我们成年人可能觉得这很奇怪，甚至觉得好玩又好笑，但当我们想想自己的童年，当我们站在儿童的立场，深入儿童的世界当中，就会发现在我们成人世界中的很多小事情——就像买东西这样的小事情，在儿童的世界里，可能都是需要拿出勇气和力量才能够完成的。

    这个率真温馨的故事，出自日本作家筒井赖子和日本画家林明子合作的绘本《第一次上街买东西》。我之所以喜爱这样的故事，是因为它向教师和家长展现了儿童内心非常敏感、细腻的一面，让我们时刻不要忘记，儿童的心灵和精神世界与成年人是不同的。在苏霍姆林斯基的教育理念中，设身处地站在儿童的立场去思考问题，去认识教育教学实践中的困难，是每个教育工作者应有的基本素养。

　　时刻不忘记自己也曾经是个孩子，就比较容易理解孩子在成长中的一些现实困境，也就能够帮助孩子渡过这些难关。我想起每次新学年开学，总有一年级小朋友哭着不肯进入学校。刚入读一年级的楠楠就是其中的一个。那天早晨，我站在校门口迎接孩子们，不远处传来一个孩子尖锐的哭声。我连忙循声走过去，发现楠楠正在与妈妈展开一场"拉锯战"——妈妈要把他送进学校，而他死活不肯，书包落在地上，他一边极力抗拒着妈妈的拉扯，一边大声哭喊"我不去学校"。妈妈被他弄得既狼狈又焦急，眼泪在妈妈的眼里打转。我捡起楠楠的书包，上去拉住楠楠的小手。楠楠看到我，含着眼泪的大眼睛充满了警惕，但他没有甩开我的手。我拉着楠楠，给他讲当天学校要举办的生动有趣的入学礼，在校园的大树下、草地上、角落里都埋下了小朋友喜欢的宝贝，有文具、图书、橡皮泥，还有玩具，我们要在校园内"寻宝"，寻到的宝贝就归发现的小朋友了；我们还要一起去学校最美丽的绘本馆，读绘本《小阿力的大学校》，看看小阿力是怎么度过学校生活的；我们还要去放飞纸飞机，纸飞机上有小朋友的梦想，梦想会随着纸飞机飞向远方……听着听着，楠楠止住了哭声，他转向我，但眼里依然噙着泪。我打电话让几个老师带着会跳舞的机器人到校门口来，不一会儿，十来个小机器人伴着音乐在校门口跳起了欢快的舞，我拉着楠楠一起观看，给楠楠讲学校开设的机器人课程，这时我们周边聚集起很多小朋友，一时间，欢快的笑声和掌声在校门口此起彼伏。楠楠不哭了，眼神有了光彩。我让楠楠与妈妈挥手告别，相约下午放学时再见。可是第二天，楠楠重新上演了前一天早晨的一幕。我自认已经与楠楠是好朋友，便拉着他的手，与他并肩坐在校门口花坛边的长凳上。我跟楠楠聊刚才吃了什么早餐，楠楠喜欢吃什么，我喜欢吃什么。我还告诉楠楠我最近在学习游泳，开始学习游泳时呛了好几口水。教练觉得我好笨哦，可我不服气，坚信自己能学好，果然我就学会啦！此时，楠楠被我呛水的经历逗笑了。我们又聊起可亲的王老师，聊起王老师昨天给小朋友读了什么书，做了什么游戏……这时，可亲的王老师来到了我们身边，我跟楠楠挥手告别，相约课间操时操场上再见……

对楠楠这样的孩子，有的教师会感到费解，认为学校为迎接一年级小朋友已经做了非常充分的准备，开展了非常多有趣的适应性课程活动，前期也已经做过家访，教师与孩子并不是完全陌生，为什么新学年开学还是有孩子会害怕上学？楠楠让我仿佛看到了童年时代的自己，那时妈妈把我送进村里开办的学前班，我又何尝不是大哭大叫，充满了说不出的恐惧和抗拒，哪怕近半个世纪的时光已经过去，很多记忆已经模糊难辨，但当时我的恐惧、抗拒和妈妈的无奈却依然清晰如昨。我想，正如苏霍姆林斯基所说，孩子对欢乐与痛苦、善与恶等问题的衡量有自己的尺度，与成年人是不同的，我们不能以成年人的尺度去要求和评判孩子；同时，每个孩子的精神特质、心理特点、成长环境等各不相同，对同一件事的判断也不尽相同。就一年级上学这件事来说，有的孩子从熟悉的幼儿园和家庭来到相对比较陌生的小学，新环境、新老师、新同学，包括新的作息制度，都对孩子构成了比较大的挑战，而这种挑战对有些内心更为敏感、细腻以及生活环境相对单纯封闭的孩子来说，更是不可承受之重。因此，教师和家长应该关注、理解孩子面对未知世界和陌生环境的恐惧心理，用极大的耐心、爱心与智慧去帮助孩子尽快地、平稳地度过这个时期。这个时期对孩子来说，并不是一段普通的日子，而是孩子实现勇气增长和心灵成长的重要时期，也是教师与孩子建立信任、缔结情感的重要节点，从这个意义上说，这其实也是一种重要的教育契机。

苏霍姆林斯基对儿童立场的强调表现在方方面面。比如，对有些教师课堂教学效率不高的问题，他发现尽管有些教师自认为教学策略、教学方法都非常好，但是效果却不够理想，究其原因就是不了解学生的起点和知识背景，眼中没有学生。他认为真正能够驾驭教育过程的高手，是用学生的眼光来读教科书的，强调教师备课时无论如何不能把教科书作为知识的唯一来源。他不由地发出了这样的感叹：

> 假如我不知道，在课堂上我面对的是谁，不知道柯利亚和季娜、托利亚和瓦里娅在想些什么，那我就好像是在给抽象的人上课。在思考我在课堂上阐明的某些观念时，我考虑到的首先是我的每一个学生的心灵。[1]

苏霍姆林斯基的这个观点给我带来很深的感触，那就是一名教师如果不首先去关注学生，不考虑学生的所思所想，不考虑学生的知识背景，再高明的教育技巧，再天衣无缝的教学设计，都是徒劳。我在听教师上课时，都特别关注他们与学生的对话和交流情况，因为这个维度在一定程度上体现了教师是否以学生为中心，是否认真倾听学生的发言并进行恰当反馈和引导；在课后进行研讨的时候，我也会将这个问题提出来让执教老师进行自我审视和反思。我的工作室有一位青年教师非常有才华，但我发现她的课堂教学存在一个比较大的问题，那就是上课时她对学生的发言要么简单重复，要么不回应。总之，她不能跟学生形成高质量的教学对话，不能帮助和引导学生实现思维进阶，因为她关注的是自己的教案是否顺利完成，以及下一个她认为设计比较"出彩"的环节能否完美呈现，说到底是眼中无学生，没有站在学生的立场去设计、实施课堂教学。

那么，怎么解决这个问题呢？苏霍姆林斯基的观点给我们带来了重

---

[1] 苏霍姆林斯基. 公民的诞生 [M]. 黄之瑞，张佩珍，姚亦飞，等译. 北京：教育科学出版社，2002：231.

要启发，那就是关注儿童个体的差异，始终站在学生的立场去设计、实施每节具体的课。而课程标准等关注的往往是一定水平和一定范围的知识。要知道，不同的儿童要达到这样的水平，所走的道路是不相同的。这种观点并不是否认课程标准的指导性作用，而是强调在教育教学实践中，我们不能只关注知识本身，也不能只关注教学策略、教学方法，而应该把对儿童的关注和研究加入其中。具体到教师所教班级的每个学生，应该考虑他们已有的知识背景、能力水平与兴趣差异，设计有针对性的教学方案，以在最大程度上帮助班级中的每个学生。基于这种理念，我校教师在备课时，都有一个固定板块，那就是"学情分析"，强调的就是关注和了解每个学生的起点与知识背景，在备课时就要做到心中有数，杜绝没有学生立场的教学设计。而我们在进行集体备课、教学研讨时，除了讨论教学策略、教学方法、教学经验等内容，我们还要讨论这一切是否基于儿童立场，学生在这节课上获得了什么，遇到了哪些困难，哪些学生遇到了困难，哪些学生取得了成就，以及背后的原因和后续改进措施等。

我曾先后参与过两所新学校的场景布置和空间设计，虽然由于各种原因，我参与的深度、介入的时间节点有所不同，但都力求站在儿童立场进行校园环境布置和空间场景打造。开学后，我们在校园的桂花树上挂起了打秋千的小熊，在校园的香樟树上放上了灵动的小松鼠，它们与后来出现在树干上的真正的小松鼠难分真假；我们从安东尼·布朗的绘本《隧道》中获取了灵感，在校园的小草坡上挖掘了一条隧道，成为学生课下玩耍的欢乐空间；我们用无数片彩色玻璃做了一个巨大的"阿佛"的洞，这成为一个深受学生欢迎的明亮美丽的室外阅读馆，而这个洞的灵感来源于李欧·李奥尼的经典绘本《田鼠阿佛》；我们把"真理之口"安装在校园的石墙上，其灵感则来源于经典电影《罗马假日》；我们还放置了绚丽多彩的万花筒供学生在课下观察、玩耍，在校园的角落里插上了学生亲手制作的小风车，还把白雪公主和七个小矮人放在校园的竹林边……。这些设施和空间设计，有的具有比较大的施工难度，但在我们的坚持和努力下，这一切都变成了现实，校园真正成为学生童年生活的乐园。校园不是一个冷冰冰的、毫无趣味的地方，也不是按照成人的审美视角去进行设计的空间，而要充分考虑儿童的兴趣、身心发育和成长。

学校每间教室的外墙都有专门的一片区域供老师和学生展示班级文化，展示每个学生的作品。有好多班级先后在各自的班级文化墙上开办过学生个人书画展、学生个人摄影展、学生亲手制作的蝴蝶标本展等，让学生成为学校生活的中心，让校园成为激励、鼓舞他们勇敢展现自己、挑战自我、努力向上的地方。每次欣赏这些作品，我都非常欣慰和自豪，也不止一次被学生精彩的创意和惊人的想象力而打动。学生是我们的学生，但此时他们又是我们的老师，教给我们如何认识儿童，认识世界。对我们来说，这也是成长。看学生的作品，我经常会想起苏霍姆林斯基讲述的一个故事：他曾与学生画同一个巨人铁匠，苏霍姆林斯基自认为画得很好，但学生却不太关注和喜欢。而另一个小朋友拉丽萨画的巨人铁匠却赢得了广泛的欢迎和赞叹，大家围住拉丽萨，对她的作品议论纷纷，表现出浓厚的兴趣。苏霍姆林斯基仔细研究了自己的画和拉丽萨的画，很快明白了：自己的画中规中矩，而拉丽萨的画充满了想象力，连巨人的胡须都似乎冒着翻卷的火焰……由此，他得出结论：与成年人相比，儿童看世界有自己的眼光，有自己的艺术表现手法上的语言，成年人不论怎样努力，也是无法仿效的。

苏霍姆林斯基的儿童立场还表现在许多教育教学的环节中。比如，他不给学习困难的学生打不及格的分数，不让不及格的分数成为那些学生的苦难；面对偷窃和考试作弊的学生，他用自己的智慧、爱心和长远的眼光，帮助那些学生认识到自己的错误，但并没有让那些学生成为班级或学校里的"坏典型"；他小心翼翼地呵护每个孩子的心灵，鼓励、帮助他们找到自己的兴趣和擅长的领域，增强自信，开启智慧；在给学生做教育鉴定时，他要求教师完整呈现学生的发展情况，从儿童智力形成的环境出发，详细说明决定儿童的感知、表象、言语和知识面的积极因素和消极因素。仔细想来，这些基本理念和教育举措，都有一个前提，那就是站在儿童立场。

将目光投向十年以后

做校长这些年，我所工作过的几所学校都举办过许多有意思的活动，这些活动不仅让校园生活充满了活力，也成为学生生命中一次次难忘的庆典。我们策划校园活动有一个基本原则，那就是：要考虑教育活动能不能给学生十年以后的成长带来好的影响；如果我们不能得到肯定的答案，那么这样的活动就可以不举办。

为什么要强调一个"十年"原则？其实，"十年"并非实指，而是强调教育不仅要关注当下，更要有长远的眼光。我一直在想，一个孩子小学毕业了，当他升入中学，再升入大学，不同阶段的教育对他的影响究竟是一种怎样的关系？除了知识的不断累积和心智的不断发展，我们是否考虑过，学校教育的内容、细节、活动、行为、话语，在十年以后，乃至在孩子的一生中会产生什么影响？这种影响究竟有多大，将把孩子引向何处？这样想来，我们就不能不抬起头来，放眼未来，进而审视今天的教育。当我们不仅关注今天的学生，还考虑到了十年以后的他们时，我们的教育教学工作就会少一些急功近利，我们就会更多地站在学生生命成长的角度去看问题——当然，包括如何策划与设计学校教育教学活动、规划学校发展愿景、设置学校课程等。

学校有一条星光大道，每年毕业的学生中都会有几个学生留下自己的脚印，连同姓名、班级和毕业年份，永久地保留在一进校门的甬道上。那些小小的脚印或深或浅，一律朝向校门方向，寓意每个学生从这里出发，走向外面的世界，走向人生的远方。师生每天出入校门，都要从这条星光大道走过；每个来访的客人，一踏进学校大门，首先会被脚下的这条星光大道吸引。那么，我们为什么要建造这样一条星光大道，又是哪些学生能最终入选星光大道呢？一方面，我想学校教育不应该随着学生毕业而完结，应该有一条纽带将学校和学生永远连接在一起；另一方面，我们希望学生能够懂得，母校永远记得他们，以他们为骄傲，不论将来走向何方，他们都能记得母校，想起母校就会感到温暖，他们曾经在此度过的岁月会成为照亮他们一生的星光。也许终有一天，他们还会回来，深情地抚摸自己的脚印，回忆自己的童年时光，回忆在这里度过的岁月。因此，这成为每个学生和家长临近毕业时高度重视的一件大事，大家都认为入选星光大道是一种巨大的荣誉和鼓励。必须说明的是，最后能入选星光大道的不一定是学业最优秀的学生，但一定是在某个领域表现突出或者进步巨大的学生。推荐入选学生的权利下放到每个班，由各班师生经过充分讨论后上报学校，然后由校务委员会经集体研究最终确定名单。

那么，没有入选星光大道的学生怎么办呢？他们都将自己的愿望和梦想写下来，投进学校为每个学生设置的邮箱中，我们称为"时光邮箱"。近百个色彩各异的邮箱被悬挂在学校教学楼大厅的墙壁上，成为一道亮丽的校园风景。在学生的见证下，这些邮箱都被细心地上了锁，平时是不打开的。每逢一年级入学第一天，学生会画一幅画表达自己的梦想，投进邮箱；到六年级毕业时，再打开邮箱，看看自己当年入学时的梦想，同时写下自己新的梦想，再次投进邮箱。我们与学生相约，十年以后再来开启这些邮箱，看看当年的我们曾经拥有怎样的愿望和梦想。我们希望这不仅是一件很有意思的事，更是一件很有意义的事，而意义就在于学校教育对学生的激励，激励他们在今后的人生中为实现梦想而努力。试想在十年以后，或者在更长的岁月以后，他们打开邮箱，看到自己童年时代用稚拙的笔迹写下的梦想，又会有怎样的感慨呢？我们的教育难道不该多一些这样的温情吗？

苏霍姆林斯基认为，学校里应留下每一个学生的痕迹：

> 凡是走出校门的每一个人，都应当在自己的学校里留下痕迹，做不到这一点，作为教育发源地的学校也就没有教育性了。[1]

正是秉持着这样的理念，在帕夫雷什中学的办公室里，存放着每个学生入学后的第一次作业，第一张图画，第一篇关于大自然的作文，以及第一次争论与思考的记录。苏霍姆林斯基希望，当学生到了四五十岁，在回忆起自己的童年时，可以回到学校去看看当年的自己，会看到许多年前的情景是什么样子的。我们可以设想，当一个人在多年以后，一想到当年的母校还保留着自己成长的痕迹，珍视这些痕迹，就会在心中升腾起无限的温情和感激，哪怕他早已历经生活的风霜磨难，哪怕他已经走遍千山万水，学校都会是他永远的精神家园。我校的"时光邮箱"和"星光大道"就具有这样的意义和价值。

其实，当学校教育始终想到的是"人"，是学生的终生福祉时，我们就一定会拥有长远目光，从而避免教育的浮躁和急功近利。苏霍姆林斯基"培养全面和谐发展的人"的理念，正是以"人"为核心和前提的：

> 请记住：远不是你所有学生都会成为工程师、医生、科学家和艺术家，可是所有的人都要成为父亲和母亲、丈夫和妻子。假如学校按照重要程度提出一项教育任务的话，那么放在首位的是培养人，培养丈夫、妻子、母亲、父亲，而放在第二位的，才是培养未

[1] 苏霍姆林斯基. 怎样培养真正的人 [M]. 蔡汀，译 // 蔡汀，王义高，祖晶. 苏霍姆林斯基选集（五卷本）：第 2 卷. 北京：教育科学出版社，2001：323.

来的工程师或医生。[1]

　　是的，回到"人"，就是回到教育的原点，回到教育的初心。所以，做校长十年来，我也做了一些在有些人看来麻烦费力且对学校发展似乎没有多大成效的事情。比如，我们针对近年来学校肥胖学生增多的趋势，就争取家长的配合，让大家明确肥胖对孩子一生的不利影响，专门开设了旨在帮助学生运动减肥的校内兴趣班——学生取名为"功夫熊猫班"，每天早晚两次由教师带领学生在校内进行有计划的科学训练，通过身体的各种运动游戏来帮助学生减轻体重。而这些训练都是学校体育老师无偿付出的劳动，家长们看在眼里，都心存感激。虽然这项工作不能在针对学校的各种考核和评估中"加分"，负责这项工作的老师们也得不到任何物质上的补助，学校还得动用不少经费购买相关运动器材，但我们还是坚持下来了，因为我们认可苏霍姆林斯基的话，"关心儿童的健康，是教育者的最重要的工作"。"功夫熊猫班"的推出引起了强烈的社会反响，媒体蜂拥而至，网络、电视、自媒体都发出了相关报道。我知道这种举措之所以会成为热点，是因为我们用这种方式回应了教育现实中大家普遍关心的问题：学生的身体健康应该放在教育的什么位置？为了学生的身体健康，教育可以有何作为？另外，对学校教育的考核和评估，应该关注哪些维度？其实，我和老师们的想法非常朴素，那就是：不应该只关注学生的学业成绩，我们的教育要指向学生十年以后的成长。

　　我们还做了许多教育效果不那么立竿见影的事情。比如，我们认识到阅读对学生各方面发展的重要性，历经十年之功，组织优秀教师研发与实施儿童阅读课程体系，让阅读成为校园生活的重要内容，让美好的书籍与儿童相遇。阅读课程体系也经过了更新迭代，阅读课程资源不

[1] 苏霍姆林斯基.怎样培养真正的人 [M].蔡汀，译 // 蔡汀，王义高，祖晶.苏霍姆林斯基选集（五卷本）：第 2 卷.北京：教育科学出版社，2001: 294-295.

断丰富，学生随时随地都能读到书。我们知道，完善的阅读课程体系不可能一蹴而就，需要一支优秀的教师团队历经数年不懈的努力，其实施效果也不会立竿见影，需要我们在面对各种教育评估时摒弃急功近利的思想，同时我们还要面对来自社会各界包括一些家长的质疑。要做到这一点很不容易。我们的实践证明，推动儿童阅读可以促进学生多方面发展，在阅读过程中，他们的阅读能力、思维水平等都得到了不同程度的提升。同时，一大批优秀教师在这个过程中成长起来，成为卓有成就的阅读课程专家和阅读推广人。

苏霍姆林斯基多次强调教育中要有科学远见。他认为，当细致的、深思熟虑的预见愈多，则未来意想不到的不幸就会愈少。这里强调的就是教育学生要有长远的眼光，把学生未来成长的多种因素和可能性都考虑进来，为学生十年以后的成长乃至终生的福祉而努力——努力去坚守什么，也努力去摒弃什么。

第三辑

没有一天不读书

让书籍照亮校园的每个角落

（一）

我一直记得苏霍姆林斯基的这段话：

> 学校应当成为书籍的王国。可能你是在很边远偏僻的地方工作的，可能你那个村庄和文化中心要相距数千公里，学校里也许会有许多欠缺，——但是如果你那里有一个书籍的王国，你就有可能把工作提高到这样的教育学素养的水平，并且取得这样的成果，使之不次于在文化中心地区的工作。[1]

这段话时刻鼓舞着我，所以当我走上校长岗位后，我就决心把学校打造成一个书籍的王国。

我去过全国各地很多学校，每次来到一所学校，除了关注这所学校的教师队伍，我最喜欢参观学校的图书馆（阅览室）。我想，衡量一所学校是不是好学校，一个很重要的指标就是看这所学校有没有一个像样的图书馆（阅览室）。大楼再漂亮，设备再现代化，如果学生在这里不能随时随地找到喜欢的书读，那么，这所学校就忽略了最重要的东西，

---

[1] 苏霍姆林斯基.给教师的建议（全一册）[M].杜殿坤，编译. 2 版.北京：教育科学出版社，1984: 75.

因而没有任何值得炫耀的地方。因此，让学校成为一个书籍的王国，成为我的一个梦想。

于是，在我做校长不久，我便着手改造、扩建学校图书馆（阅览室），并且要让每间教室成为学生随时随地都能读书的小型图书馆（阅览室）。让学生随时随地读到自己想读的书，我认为这是学校应该做到的。

"校长，我读书太快啦，教室里书架上的书都读完了，我想每天都能读到新书！"

这是一个四年级的小女孩跟我说的话。下课后，她追到走廊里告诉我。"我想每天都能读到新书"，她的话成为我努力克服困难，不管耗费多大精力也要好好打造学校图书馆（阅览室）的最大力量。

除了一般意义上的儿童图书馆（阅览室），学校还有一个阅读主题馆。我担任校长的几所学校，虽然各自的办学背景、基本条件、师资队伍等都有所不同，但有一点是一样的，那就是在校内都建造了一个阅读主题馆。每个阅读主题馆，有不同的设计灵感：有的是受《爱丽丝漫游奇境记》的启发，有的是受《白雪公主》的启发，每个阅读主题馆都充满想象力，无论是书籍数量和种类，还是色彩和设备设施，都符合儿童的心理，同时把书籍分门别类进行陈列，供学生随时取阅。我们还专门建设了绘本主题馆，绘本是学生喜闻乐见的一种书籍，我希望学生能有充沛的阅读资源，在童年时代就能够读到这些美好的书籍。现在，上万种优秀绘本已经罗列在书架上，颇为壮观。但这还远远没有达到我的要求。我还有一个痴想——希望尽我所能，尽学校所能，将世界上最优秀的绘本一一搜罗进来，它们应该是不同国家的，不同版本的，不同内容的，不同主题的，不同风格的……。这里不但有阅读区，还有创作区，学生不仅可以随意地阅读这些绘本，还可以创作绘本，将自己的故事、想象通过创作绘本表达出来。这无疑将是一个迷人的天地。我想，如果学校图书馆（阅览室）成为一个学生最喜欢待的地方，一个让学生来了就不想走的地方，学校也就成了学生真正的乐园，那么，上学将变成一件开心的事，一件值得盼望的事，教育教学中遇到的许多困难都将迎刃而解。

我想到了帕夫雷什中学的"思考之室"，实际上这是一个不大的阅览室，收集了三百多种优秀图书。苏霍姆林斯基在这里给学生介绍自己读过的书，还让他们看了他已经记了很多年的读书日记。他用自己的亲身实践，展现了一个教育家的行动力和远见卓识：书籍如何与其他的信息源（如电影、电视、录音带等）进行竞争，如何避免让书籍仅仅摆在书架上，成为"沉睡的巨人"。他强调让书籍始终成为这场竞争的胜利者，是教育者面临的一项重要任务。我想，当学生接触的信息源早已超越了苏霍姆林斯基所处时代，当互联网开始无孔不入，如何让书籍继续成为这场竞争的胜利者，是当下教育者面临的一项更大的挑战。

要让学生爱上读书，教师首先要读书。苏霍姆林斯基介绍了帕夫雷什中学的教师团队集体共读、争相传阅好书的美好场景，也介绍了包括他本人在内的教师丰富的家庭藏书。这些都给我留下了深刻的印象。我校成立了教师读书会，并提出了读书会的阅读计划，全体教师都是读书会的成员。我觉得这个工作刻不容缓。我希望通过这样的组织，使阅读成为教师的常态，成为与备课、上课一样必须做好的一项工作，成为每位教师的生活方式。一所学校教育教学质量如何，归根结底取决于教师队伍。而教师队伍如何，又与教师是否读书有密切关联。我相信，一支爱读书的教师队伍做任何一项教育教学工作都不会差到哪里去。

我们给教师读书会取名为"渐渐"。为什么叫"渐渐"呢？首先，教育是慢的艺术，师生的成长是"渐渐"发生的；其次，阅读对教师成长起到的作用不是立竿见影的，它是一个长期的、"渐渐"显现的过程。我希望教师远离浮躁，静心阅读，静心做教学研究，在帮助学生"渐渐"成长的过程中，自己也"渐渐"成长。在"渐渐"教师读书会成立仪式上，我给每位教师分发了新书，有帕克·帕尔默、钱理群的书，也有我自己写的书。我想，只要先读起来，我们就走上了一条"渐渐"成长之路。

当我在做这些关于阅读的事情时，我的脑海中一直想着苏霍姆林斯基的一句话："一个不掌握数学、不会解应用题的人，仍可以生活下去并获得幸福；然而，如果不会阅读，则不能生活，也不会获得幸福。"苏霍姆林斯基把阅读看作人生获得幸福的必要元素。所以，为了获得幸福，做教师的我们要阅读，也要带领学生阅读。

（二）

一所好的学校，怎么能没有学生的读书声呢？

"你是天空，你也是窝巢。……在那里，清晨来了，右手提着金筐，带着美的花环，静静地替大地加冕……"清澈的声音回荡在校园的长廊里，这是老师和学生在诵读泰戈尔的诗。窗外的银杏树上，最后几片金色的叶子已悄然飘落。学期初，老师和学生开始读《吉檀迦利》和《新月集》，临近期末，两本书已快读完。

伴随着这诵读经典的天籁之声，我好像看见那提着金筐，拿着花环的仙子，从遥远的地方走来。这美好的诵读声，冲散了冬日的寒意。

疫情肆虐的那几年，我有过仓皇忙乱，有过恐惧、孤独和茫然。阅读给了我力量，让我找到了宁静，也找到了自由和慰藉。

这几年，老师们重温经典，重读苏霍姆林斯基的《帕夫雷什中学》，也读卡夫卡的《城堡》。读这些书，就像在孤独的时刻与亲切的老友久别重逢。老师们还阅读了许多富有挑战性的好书，如李文玲、舒华主编的套书《儿童阅读的世界》，凯瑟琳·舒尔茨的《课堂参与：沉默与喧哗》。阅读这些好书让我们站在了高处，也不断确立了自己的坐标。好书会让我们从更加丰富的层面了解生命，理解彼此，因为好书会自带光芒，它的光芒会折射到每个阅读它的人身上。这样即便我们飞得再高再远，也会找到同伴，找到回归窝巢的方向。

这几年，我参与策划、主持、参加了好几个关于阅读的公益活动：在春意萌动的世界读书日，我去电视台录制阅读经典诗文节目；在杭州挥汗如雨的暑期，我推出了"21天阅读计划"，与全国各地的教师共读费孝通先生的《乡土中国》，每天录制并推送阅读音频，每天都在线上与教师交流阅读感受；在时间的缝隙里，我完成了"跟校长一起读诗""绘本阅读课程30讲"等音频课程录制，丰富了师生的阅读资源。我精益求精，不厌其烦，倾尽全力，因为阅读是我想做的事。我也明白，阅读会帮助我们冲破时空的藩篱，拨云见日，世界在我们面前变得清明透彻。阅读会让教师拥有自由、丰富与阔大的心灵，其价值甚至会超越拥有单纯的教育教学知识与技术；阅读会让教师充满能量，变得更加豁达、坦荡和勇敢。阅读，擦亮了那些暗淡的日子；书籍，照亮了校园的每个角落。

"我注意地等待着春天的第一个信号，倾听着一些飞来鸟雀的偶然的乐音，或有条纹的松鼠的唧啾……"

这是梭罗在瓦尔登湖感受到的春天的信号。对我来说，春天到来的最动人的信号，是大地上有可爱的孩子欢笑着跑过，校园里始终回荡着银铃般的读书声。

没有一天不读书

疫情期间，"隔离"，无疑是个高频词。有一段时间，老师和学生都被隔离在家。在家隔离的日子，除了可以做蛋糕、炸油条，定好闹钟网上抢菜，我们还可以做些什么？

有一位教师朋友告诉我，在家里的那些天，她除了按计划给学生上网课，其他时间都用来健身、听音乐和读书。我不太清楚她是怎么居家健身的，但我知道，如果有音乐和书的陪伴，生活就不再是只有紧张、孤独和恐惧。

我听的遍数最多的音乐是贝多芬的《春天奏鸣曲》，读的遍数最多的书是梭罗的《瓦尔登湖》。

当小提琴和钢琴的和音开始在小书房内流淌，那时而舒缓、时而欢快的音符，诉说着心中的希望和对春天的畅想。此时，再读《瓦尔登湖》，仿佛置身于瓦尔登湖畔，冰雪融化，春水淙淙，森林中雾气氤氲……

音乐和书，让整个世界变得透明，心灵也变得敞亮。

我和学校的老师决定把这种感受传达给在家里上学的学生。所谓"停课不停学"，不仅是通过上直播课教授学科知识，更重要的是跨越空间限制的分享和陪伴。所以，我们每天都有一个固定时间，上一节线上阅读分享课，老师和学生把阅读某本书的收获、困惑、感受，都自由地表达出来，彼此见证，互相激励。阅读，成为老师和学生在那段特殊日子里共同的记忆。这就是所谓"非常日，即阅读日"。

我给学生上的是一节线上绘本阅读课。共读的绘本是一位旅居国外的华裔儿童文学作家临时创作的，讲述的主题既不是亲情和友情，也不是哲学智慧，而是一种病毒。正是这种病毒，改变了我们的假期，改变了我们对生命、亲情、环境，乃至对宇宙万物的认识，甚至会改变我们的一生。这样的阅读课，不仅是知识的传授，更多的是精神的丰富，生命的滋养，对人类命运共同体的感同身受，还是特殊时期不可或缺的陪伴与责任。

但我们觉得还不够，阅读不仅是一种学习方式，更应该成为一种生活方式。于是，老师和学生又发起了"60万字一个月"阅读挑战赛。

真是令人难以置信，"60万字一个月"，这个对低年级学生而言看似难以完成的阅读目标，不仅得到了学生和家长的热烈响应，而且绝大多数学生都完成了，超出了我们的预期：一群只有七八岁的学生，在老师和家长的带领下，用一个月的时间，除个别存在学习障碍的学生之外，其他学生都达到或超过了60万字的阅读量。

当我看到班级群中学生与书的那一张张合影，心中充满了感动和佩服。学生用行动诠释了什么是疫情期间"停课不停学"，以阅读抵抗孤独，打破时空的藩篱，用阅读擦亮了那些暗淡的日子。"60万字一个月"阅读挑战活动首先从学校骨干教师汪老师执教的班级开始，很快带动全校各个年级的各个班级都加入进来。各个班级围绕"60万字一个月"这一主题，推出了各具特色的阅读系列活动，如"我与书籍比身高"等主题活动，形成了疫情期间我校的阅读特色，并在复学之后得以持续，成为学校阅读课程链条中的闪亮一环。

那么，"60万字一个月"阅读挑战活动强调的只是阅读量吗？我认为，除了强调阅读量，还有更丰富的意义和价值。

"60万字一个月"阅读挑战活动，强调的不仅是阅读量，更是着眼于培养学生的阅读习惯，使其将阅读作为一种生活方式。童年与书相伴，书就成为学生生命中的一部分，他们会找到自己，认识自己，看到更大的世界；他们也会变得越来越聪明，就像英国绘本作家奥利弗·杰夫斯在《吃书的孩子》中写到的小男孩亨利，"他吃掉一本关于金鱼的书，然后他就知道用什么去喂金鱼了……"无限相信书籍的力量，让每个学生都能感受到阅读的幸福，并在阅读中开启智慧，是苏霍姆林斯基的教育信条，也是他在帕夫雷什中学数十年始终如一的坚持。的确，一所好学校就是应该充满这样的气氛，师生对阅读有浓厚兴趣，好书成为所有师生的精神家园，阅读成为一种与呼吸一样自然的生活方式，这也是我们追求的境界。

"60万字一个月"阅读挑战活动的成功，也让我们再次看到了家庭和学校在教育行动中达成共识的重要性。学生居家学习期间，在老师的带领下，借助线上学习平台，大家一起上阅读课。单就一本书的共读而言，我们就推出了启读课、赏读课和创读课，贯穿一本书共读的整个过程。这些都得到了家长广泛的支持，使阅读成为每个学生的实际行动。另外，除了从学校借阅，以及通过学校一直推动的图书漂流计划获得图书外，学生要真正实现"60万字一个月"这样的阅读目标，还需要家长的大力支持。家长对孩子的支持可谓不遗余力。有一张照片令我印象深刻：一个小朋友坐在家里的沙发上，沙发上摆满了书，他所在客厅的地板上也铺满了书，而这位坐在书中微笑的小朋友，就像一个小小的国王。很难设想，如果没有家长的支持和对阅读的认可，"60万字一个月"阅读挑战活动能够取得这样的成功。

苏霍姆林斯基重视在学校内推动阅读，也极为重视家庭的阅读氛围：

> 根据多年的经验，我们全体教师确定了一个家庭应有的最低限度藏书目录，以便供家长、学前儿童、学龄初期、中期和后期的学生阅读。……没有书籍、没有一些藏书的家庭，往好处说，不能对学校教育有任何帮助，而往坏处说，这样的家庭环境会使儿童变得

头脑迟钝，会限制儿童的智力发展，而学校则不得不花费巨大的努力去补偿家庭智力兴趣的这种缺陷。[1]

正是因为认识到没有书籍的家庭环境会给孩子的教育带来负面影响和巨大挑战，所以苏霍姆林斯基的工作非常细致，他带领老师拟定了针对不同年龄段学生的藏书目录推荐给家长，编订了一个"童年阅读书目"，其中包括每个学生在小学期间应当阅读的250种书，所选图书都有很高的艺术价值和知识价值。除了对推荐书目亲自把关，他在20年间做了1200张卡片，记录学生在少年期和青年早期的精神发展情况，他由此得出结论：凡是道德修养好的、有自觉精神的劳动者，都是在对书籍抱着深刻尊重态度的家庭里长大的。

在营造家庭的阅读氛围方面，我校也做了很多尝试。比如，每次放假前，我们都通过微信公众号或"给家长的一封信"向家长推荐阅读书单，这些书都经过了反复筛选，以经典、适宜、多样、足量为原则，形成了针对每个年龄段学生的相对固定又不断更新的阅读书单。为此，我们推出了"擦星"主题群书阅读课程实施计划。在这个阅读课程体系中，6～8岁儿童群书阅读课程以经典绘本群书阅读为主，其主题沿用已有的"儿童智慧开启"等9个课程主题，所使用的绘本也是围绕9个课程主题从国内外众多经典绘本中甄选。9～12岁儿童群书阅读课程，以国内外经典童书群书阅读为主，确立了"小人鱼""看万物""故乡""远方""奇人""历险"等22个主题，分布在不同的年龄段。在甄选图书时，依据适合儿童阅读、内容经典、足量多样的原则，如六年级"故乡"这一主题，涵盖了《呼兰河传》《朝花夕拾》《城南旧事》等经典图书。这样就能确保课程主题丰富，密度适中，所选图书经典多元，从而

---

[1] 苏霍姆林斯基.给教师的建议（全一册）[M].杜殿坤，编译.2版.北京：教育科学出版社，1984：534.

有效激发儿童对阅读的热爱。

同时，我们还在学校不同年级开展了一些灵活多样的阅读活动，如"晒晒我的小书房""我与书籍合个影""给好书设计书签"等，都深受学生喜爱。我和老师们也会利用家长会或与家长日常交流的机会，给家长讲述亲子共读的好处、方法与策略，向家长推荐一些阅读音频课程，也邀请一些家长亲自来学校给学生和其他家长讲述自己亲子共读的经验和做法，同时参与一些面向社区的阅读公益活动。每年春天，我们会利用每个周六的半天，邀请一些家长来到学校绘本馆，给其他报名参与阅读活动的家庭讲述绘本故事。家长变身为老师，为了讲好绘本故事，都认真备课，以满腔的热情参与这些活动。这项阅读公益活动一直持续到夏季。一些家长身体力行的付出，不但实现了自身的成长，也激发了整个学校家长群体的阅读热情，有些原本不怎么重视阅读的家庭就这样被"裹挟"进来了。

我在家长学校的课程中，也专门谈到了阅读对开启儿童智慧的重要性。我和老师、家长在这一点上早就达成了共识。

> 我们全体教师深信，没有家长的帮助是不行的。智力训练不仅要在教室里进行，还应当在家里，在独立阅读的过程中进行。[1]

因此，我们应该千方百计地引导家长认识到阅读对学生成长的重要性。除了认识到阅读对道德与精神层面的影响，还应该充分认识到阅读对学生智力发展的重要作用，阅读应该成为发展智力的手段。这就要求学校营造浓郁的阅读氛围，家长创造良好的家庭阅读环境。

暑假来临，我们除了按照惯例推荐阅读书目，还联合一些兄弟学

---

[1] 苏霍姆林斯基.给教师的建议（全一册）[M].杜殿坤，编译.2版.北京：教育科学出版社，1984：446.

校，开启了暑期共读线上交流和展示活动。近万名来自不同学校的学生，在不同的地方，通过线上平台，进行饶有趣味的"阅读闯关"活动，并分享、交流自己的阅读感受和阅读成果，互相点赞，互相激励。后台则针对每个学生的阅读大数据自动生成各种"阅读等级"，以学校、班级为单位，形成了你追我赶的阅读氛围，恰似杭州火热的夏天。

班级图书馆：让书唾手可得

　　苏霍姆林斯基在谈到如何培养脑力劳动中的自我纪律时，给学生提出了十五条建议，其中有两条（第一条和第六条）都提到了读书：如果你想有充裕的时间，那你就要每天读书；你的周围有一个书籍的海洋。这两条建议虽然是针对高年级学生提出的，但反映的是苏霍姆林斯基对读书一以贯之的坚持，这成为他的教育信条之一。那么，教育工作者和家长都要思考：怎样引导学生每天都读书？怎样让学生周围有一个书籍的海洋？

　　在帕夫雷什中学，不仅有陈列好书的"思考之室"，也有很多"书籍之角"。在一至三年级，在每个班级里都单独建立了一个"书籍之角"，在这里陈列一些内容较好、学生感兴趣的书。苏霍姆林斯基认为，这可以算是学生生平第一次遇到的小图书馆，要帮助学生好好利用。他强调，学生的第一种爱好就应当是读书，这种爱好应当伴随终生。

　　书籍也是一种学校，应当教会每一个学生怎样在书籍的世界里旅游。正因为如此，我才建议先建立本班的小图书角，然后再逐步教给学生利用学校的图书馆。[1]

---

[1]　苏霍姆林斯基. 给教师的建议（全一册）[M]. 杜殿坤，编译. 2版. 北京：教育科学出版社，1984: 76.

的确，培养学生的阅读习惯，让学生从小就能感受到阅读的快乐，学会从阅读中发现自己感兴趣的领域，促进他们的可持续发展，开启学生的智慧，是推动学生阅读的目的。要实现这个目的就不能仅仅停留在理念层面，而应该从日常的教育教学实践出发，一点一滴地渗透到具体的行动中。从学校教育这个层面，除了建设拥有丰富藏书的学校图书馆，还要开展丰富多彩的阅读主题活动，组织学生和家长一起来构建班级图书馆。

　　与学校图书馆相比，散布在各个班级的小图书馆更加便捷，更加个性化，更能推动学生阅读，而实施难度也会相应减小。这是由于班级图书馆就在学生的身边，学生可以随时拿起自己喜欢的书来读，书变得唾手可得，这样学生就可以利用一些零散的时间进行阅读，而不必专门寻找阅读时间。教师还可以与学生及其家长一起讨论，如何把班级图书馆建设得更加丰富，更加美观，更能反映班级的特点和喜好。这可以无形中增强班级凝聚力，拉近教师与学生之间、学生与学生之间、教师与家长之间、家长与家长之间的距离。于是，班级图书馆的构建又有了一层更加重要的意义，那就是建立起家长和学生对班级的归属感、认同感和信任感，这将成为一种强大的正能量，辐射到其他领域，从而使班级图书馆成为一个平台，一个载体，发挥阅读以外的教育力量。

　　明晰了班级图书馆的意义与价值，我们就要考虑如何构建一个比较好的班级图书馆。比如，班级图书馆的书从何而来？一个比较好的班级图书馆应该拥有哪些书？怎样管理班级图书馆？大致的管理机制如何建立？……这些都是需要解决的问题。我校的班级图书馆里的书一部分来自学校，一部分来自学生家庭。我们根据不同的年龄段，将学校图书馆里的书进行归类，挑选一批适合的书分发到各个班级图书馆。在购买图书方面，学校可谓不遗余力，我和老师、家长逐渐达成了一个共识：给孩子买书，让孩子爱上阅读是最好的教育投资，在这方面无论花费多少金钱和精力都是值得的。学校在给学生购买图书，以及建设学校图书馆上投入大量经费。学校图书馆的书目是不断更新的，好书被不断地分发到各个班级。对特别经典的书，我们绝不吝惜经费，足量购买，以保证每个学生都能手中有书，这样也有利于班级阅读活动的开展。另外，为了加大好书的流通性，减少不必要的时间浪费，我们在同一个年级的各个班级之间开展图书漂流活动，一个班级在事先约定好的时间内将本班读完的书漂流到其他班级。由于每个班的书都不一样，这样就保证了各个班通过漂流得到的书都是本班学生没有读过的书，又在一定程度上形成了班级之间你追我赶的读书氛围。

除了学校投入大量经费来购买图书，我们还动员学生和家长将好书奉献出来，与班级同学共读。虽然学校是建设班级图书馆的主力军，但我们还是希望学生及其家长能一起加入班级图书馆的建设之中。学生和家长参与班级图书馆建设的意义不在于奉献多少，而在于增强责任感和参与意识，认识到阅读的重要性。教师与家长一起探讨构建班级图书馆的种种好处，让家长看到学校在推动学生阅读方面做出的种种努力。许多班级甚至把家长请进教室给学生读书、讲故事，向家长展示学生制作的阅读卡、阅读小报、阅读展板，以及学校微信公众号和学校网站报道的学校推动阅读的一些活动，绝大多数家长都深受感动，纷纷加入班级图书馆的建设中。有些家长没有阅读习惯，也不知道什么书适合孩子阅读，但在共同构建班级图书馆的过程中，他们逐渐了解了阅读的好处以及相关知识，也知道了应该给孩子推荐什么书。

班级图书馆有了好书，但还不算是真正建立起来了。还有很重要的一点是，要帮助学生管理好班级图书馆，让班级图书馆真正发挥效用。每个班级通过竞选或同学推荐的形式选出班级图书管理员，负责组织同学整理、登记图书等。有的班级图书管理员是轮换的，也有很多班级的家长会不定期来到教室，与学生一起做一些诸如整理、登记、购买图书之类的工作。我们允许学生将班级图书馆的书带回家阅读，但要求读完后按时归还。由于班级图书馆全部是开放式的，所以学生可以随时取阅自己想看的书。一旦发现图书出现破损或污迹，我们就会要求学生自己尝试做一些修补。学校还安排了一位骨干教师，专门就如何保护图书开设共享课，通过视频演示、图片展示等，让学生了解一本书从撰写到出版的过程，以及应该如何翻动书页，如何保持一本书的清洁等。我们希望学生明白，让一本书保持最好的状态，是对这本书的作者以及为这本书付出劳动的所有人的尊重，也是一种基本的教养。

围绕班级图书馆可以开展许多非常有意思的活动，以此激发全体学生和家长的阅读热情。比如，最常见的活动便是围绕一本书开展班级共读活动，组织学生召开班级读书会，让学生以各种形式呈现自己的阅读成果，交流自己的阅读收获。我校每年寒假和暑假都会给学生布置阅读方面的作业，包括阅读绘本与自创绘本，设计阅读小报、创意书签，制作班级阅读展板，经典图书片段展演等。我们希望通过这些丰富多彩的活动，让学生甚至家长尽可能地参与进来，形成浓厚的班级阅读氛围。假期结束后，教师将学生的作品收集起来，进行阅读主题展示，每个班级教室的外墙上都贴满了学生的作品，有的是读书笔记，有的是创意书签，还有的是阅读卡片等。最有趣也是最让学生和家长期待的则是文学戏剧表演活动，学生挑选自己最喜爱的书中的一个片段，编写剧本，分配角色，自己设计并制作道具、服装等，在家长和教师的指导下排练，然后进行汇报演出。将文学作品演出来，已经成为我校一项重要的活动，也是最受学生和家长喜爱的活动之一。

我们发现，一个班级图书馆拥有的图书越丰富，阅读活动开展得越好，教师往往在班级管理方面的焦虑感和无力感就越少，在学科教学中遇到的困难也越少。其中的原因耐人寻味。一个爱阅读的班级无论在学习成绩还是在行为习惯上都不会出现大的问题——阅读虽然不是万能的，但在学生成长中所发挥出来的强大的正向推动力是很容易感受到的。

那些与学生共读绘本的岁月（一）

我相信，绘本是可以让世界变得好一点的。

这句话写在我主编的《绘本课程这样做》这本书的封面上。其实，这也是这些年我在研发与实施儿童绘本阅读课程时，一直在我脑海中回荡的一句话。

在我的记忆中，一边握着女儿的小手，一边翻着书页，轻声阅读绘本，是最难忘、最快乐，也是最温暖的时光。一直记得跟女儿一起阅读绘本《蚯蚓的日记》时无比快乐的情景，我们沉浸在书中幽默、风趣的场景中，女儿一边读一边咯咯笑的样子，深深地印在我的脑海里。这快乐、温馨的记忆，给我带来很大的鼓舞，也让我一直在思考：好的绘本究竟具有什么样的能量，能够给孩子和家长、老师带来这么多的收获、快乐和启迪？是绘本让我们拥有了这些幸福的时光，这就是在孩子成长过程中真正的陪伴。而这也是这么多年我一直致力于推动国内儿童绘本阅读课程的主要原因。

毋庸置疑，阅读能力与孩子成长之间有着重要的关联：几乎没有一个成绩优秀的学生，阅读能力是弱的；反之，也几乎没有一个成绩差的学生，阅读能力是强的。关于这一点，苏霍姆林斯基有一个非常重要的论述，他认为，帮助学习困难学生，不要靠补课，也不要靠没完没了的"拉一把"，而要靠阅读，阅读，再阅读。其实，苏霍姆林斯基的这句话，不仅阐明了阅读对学习困难学生的重要意义，更是告诉我们，阅读在开启学生智慧、发展学生智力、提高学生学习成绩方面有着不可替代的作用。也就是说，学生读得越多，往往就越聪明。既然我们认识到绘本阅读能给学生带来巨大的能量，我们就必须有所作为。

2013 年，我一担任校长，就率领老师们开启儿童绘本阅读课程的研发之路。

如果说阅读是一次次迷人的历险，阅读一本好书就好比进入一个美妙的仙境，我感到自豪的是，这些年由我和学校教师组成的儿童绘本阅读课程团队每天都能带领学生走进这样的仙境。

其实，仙境不只是一种美好的比喻，它是真实存在的——我先后任职过三所学校，在每所学校担任校长时，我都力求打造一个阅读的"仙境"。我认为，学校最美的地方，应该是有书的地方。于是，我先后在任职的学校打造过"爱丽丝"绘本馆、"魔镜"阅读馆和"星空"绘本馆。每座阅读馆都极富创意，馆内藏有不同国家、不同内容、不同主题、不同风格的经典绘本，它们完美地契合了我心中对图书馆的所有想象，说是"仙境"实不为过。同时，仙境又确实是一种比喻——我和儿童绘本阅读课程团队的老师每天都带领学生阅读绘本，对学生来说，每阅读一本绘本就是进入了一个美妙的仙境。

"爱丽丝"绘本馆的名称和设计灵感都来源于儿童文学经典名著《爱丽丝漫游奇境记》，这是一个充满诗意和浪漫幻想的阅读空间。创办之初，"爱丽丝"绘本馆被我的朋友们誉为"国内最美的校园绘本馆"，这当然是一种鼓励。"魔镜"阅读馆的名称则来源于格林童话《白雪公主》，因为阅读的历程就是成长和变化的历程，阅读就好比一面魔镜，可以帮助我们看到一个神奇和美妙的世界，宇宙万物都自有其美，等待着我们去发现和欣赏。"星空"绘本馆则是一座星光璀璨的"天空幻城"，绘本馆以"星空"命名，寓意为用阅读擦亮孩子童年的星辰。馆内天花板上垂坠着小星星、小月亮，交相辉映；地板则是一幅立体星空画，营造出"星空就在我脚下"的奇幻仙境。这些绘本馆虽然主题和设计创意不同，但大致说来，整个布局都分为借阅区、阅览区、教学区，数万册绘本按中国原创绘本、儿童哲学绘本、科学绘本、数学绘本、英语绘本、立体绘本等分类摆放。这是除班级图书馆、走廊小书柜以外，我们专门为学生打造的绘本阅读主题空间，成为学生天天盼望来的地方，也是学生来了就不想走的地方。

有人曾经质疑，如此大费周章、穷尽心思、耗费财力打造这样的绘本馆，有多大意义呢？

在我看来，绘本具有无限的美好，它天然地适合儿童，符合儿童的天性，是专为儿童而生的；同时，它又具有奇妙的生长性，每个成年人也能在其中感受到心灵的怦动，因此它又是可以读一辈子的书。

和学生共读绘本，可以让我们拥有和学生对话的机会，拥有走进学生精神世界的密码。我们和学生讨论绘本中的故事，一起品评故事中的人物形象，感受他们的喜怒哀乐，不知不觉中就走进了学生的心灵深处。

可能很多老师和家长还没有意识到，与孩子共读绘本的美好，将会温暖孩子的一生，照亮孩子今后的人生道路。孩子记忆当中的那些有趣的人物，动人的故事，扣人心弦的情节，以及富有智慧的做法和刻骨铭心的场景，都会在他人生的某个瞬间涌现，让他有所感悟、有所触动、有所启发。这些能量都是看不见的，但它确实存在着，就在孩子的心灵深处。也许很多东西会随着时间的流逝而变得模糊起来，但绝不会荡然无存，因为父母、老师和他共读绘本给他带来的那种美好的感受，会永远留在他的记忆深处，当他感到孤独、需要能量和帮助的时候，这些就会出现。

所以，对打造这样的绘本馆，我很坚决，老师们也很坚决，而支持我的历届教育局领导也没有犹豫过。

但我深知，只有漂亮的阅读空间是不够的。于是，我和学校教师决定研发儿童绘本阅读课程体系，让阅读绘本成为学生童年生活中不可或缺的一部分，让师生共读、亲子共读成为大家共同盼望的快乐时光。经历了十年的持续推进，我们的儿童绘本阅读课程体系逐步完善和丰富，一批年轻的教师也逐渐成长起来，成为儿童绘本阅读课程研发团队的核心成员，我们的课程也正式确立了一个好听的名字——"擦星"。

> 童年的星空，如果没有书籍相伴，会是什么样子？
>
> 也许没有什么不同，即便是灰蒙蒙的星星，也依然会长大。
>
> 只是——
>
> 你不去叫醒星星的耳朵，他也许会沉睡不知天明；
>
> 你不去擦亮星星的眼睛，他也许会忘记自己能发光……
>
> 可是，如果你用美好的书籍去擦一擦那些星辰呢，
>
> 世界就变得有点儿不一样了。
>
> 你默默种下的那些经典的花朵，会渐渐弥漫出灵魂的香气；
>
> 你悄悄洒下的那些阅读的光辉，会慢慢发散出精神的光亮。

这是"擦星"儿童绘本阅读课程的一段宣言。总得有人去擦亮星星，我们想做孩子童年星空的"擦星者"，用阅读擦亮童年的星辰，让美好的书籍与童年相遇。

"擦星"儿童绘本阅读课程体系以儿童生命成长为原点，目前包括九个核心课程板块：儿童智慧开启、儿童心理治愈、儿童哲学启蒙、儿童人际交往、儿童美学鉴赏、儿童亲情体味、儿童国际理解、儿童原创绘本、儿童阅读评价。这九个核心课程板块基本覆盖了儿童生命成长与绘本阅读的联结关系，兼顾了绘本阅读知识、绘本阅读审美、绘本阅读理论与绘本阅读实践。每个课程板块都在不断生长、丰富与延伸，逐渐成为相对独立又彼此关联的阅读课程。我希望这种全方位、多维度、彼此关联的儿童绘本阅读课程研发，能够帮助每个学生每天都能走进仙境。

那些与学生共读绘本的岁月（二）

　　无限相信书籍的力量，是苏霍姆林斯基的教育信条。我先后在三所学校做校长十年，但不管我在哪所学校，推动阅读始终是我校长生涯的主旋律。

　　在十年不间断的阅读行动中，我和学校教师已经达成了这样的共识：儿童绘本阅读课程不从属于任何一门课程，它不是语文课，不是美术课，也不是道德与法治课，它是一门独立的课程。虽然它有时与语文、美术、道德与法治，甚至数学等学科有着千丝万缕的联系，但它又是独立的。因此，我们让绘本阅读进入了课表，与语文、数学、音乐、美术等学科一样出现在日常教学中。虽然由于学生的年龄段不同，每个课程板块所占比重有所区别，但每个年龄段都安排了绘本阅读课。全校六个年级每学期绘本阅读课达到了 182 节。曾有人质疑，在小学高段安排绘本阅读课是否有意义，会不会限制儿童的思维发展。其实，这恰恰反映了大家对绘本价值的认识不够，以及对儿童成长规律把握不够准确，也与绘本阅读课开设太少有关。

　　儿童绘本阅读课程创建之初，我们就有这样的课程定位：关照儿童生命成长的秘密，充分挖掘不同绘本的特定元素，与儿童生命成长建立丰富的联结。因此，学校绘本阅读的九个课程板块无一不是将儿童的生命成长放在中心的——

　　比如，怎样帮助学生面对现实生活中亲人的死亡，以及家里养的小狗、小猫、小金鱼的死亡？我们把这样的命题放在"儿童心理治愈"这个课程板块。老师与学生一起阅读绘本《一片叶子落下来》，从一片叶子的生长、凋落、化为泥土来看待生命的轮回；老师与学生一起阅读《獾的礼物》，让学生不要恐惧，也不要过度沉湎于悲伤，而是要怀着感恩的心去怀念故去的亲人……绘本就是这样用儿童能够理解和接受的形式，阐释着死亡的概念，悄悄地抚慰着儿童的心灵，帮助他们迈过成长中这个难以逾越的坎。

又如，怎样帮助儿童完成自我认知？怎样帮助儿童理解大与小、远与近等概念之间的辩证关系？我们在"儿童哲学启蒙"这个课程板块做了一些尝试。老师与学生一起阅读绘本《从前有一只老鼠》，在风趣的对话与表演中，学生初步懂得了大与小、强与弱其实都是相对的，人应该永远保持谦逊的态度，以及清醒的自我认知。

再如，怎样呵护、发掘乃至激发儿童对这个世界的好奇心、想象力与创造性？我们研发了"儿童智慧开启"这个课程板块。老师与学生一起阅读绘本《一条聪明的鱼》，发现一个想法竟然改变了一个世界，而这个伟大想法的诞生，需要的是永远对未知世界充满好奇心、想象力，还有实现梦想的勇气。

而在"儿童国际理解"这个课程板块，我们认为引进版绘本是进行国际理解教育得天独厚的课程资源。由于国内绘本创作与出版起步相对较晚，因此大量经典绘本是从国外引进的。这些绘本体现了多元文化，为国内学校实施儿童国际理解教育提供了优质的课程资源。而且绘本往往生动活泼、蕴藉隽永、深入浅出，容易为儿童所接受。比如，老师与学生一起读日裔美籍作家艾伦·塞伊的绘本《外公的旅程》，学生在阅读中理解了在这个世界上有一种情感超越了种族，跨越了时空，那就是对故乡的怀念和热爱。近年来，中国优秀原创绘本大量出版，表现中华优秀传统文化和中华民族传统美德的绘本不断涌现，我们将这些绘本及时纳入课程书目，带领孩子们共读。

有一年的六一儿童节，学校儿童绘本阅读课程团队专门做了一次非常有意思的教学尝试：在儿童绘本阅读课程中进行"儿童美学鉴赏"主题教学。课程团队核心成员陆老师和王老师分别执教绘本《妖怪山》和《野兽国》。《妖怪山》的绘者画家九儿也亲临现场，全程参与了学校儿童绘本阅读课程的研讨活动。王老师侧重于引导学生关注《野兽国》的绘画细节及其隐喻，陆老师则从绘本的故事呈现与绘画创作艺术两个维度，带领学生经历了一次令人耳目一新的"美学鉴赏"之旅，探索了在儿童绘本阅读课程中对儿童进行"美学鉴赏"教育的多种可能。课后，画家九儿与课程团队进行了深度对话，就如何在儿童绘本阅读课程中开展"儿童美学鉴赏"进行了探讨。

在学校儿童绘本阅读课程推进过程中，我们又研发了"儿童创作评鉴"这个课程板块，鼓励、指导学生将自己心中的想象与创造，对世界的认知和对生活的观察等，通过创作绘本表现出来。从阅读绘本到创作绘本是一个非常自然的过程。学校儿童绘本阅读课程进行到一定阶段，学生阅读大量绘本之后，已经具备了一些绘本阅读与创作、鉴赏等方面的知识，拥有了一定的审美眼光，这时候鼓励、引导学生进行绘本创作是一件水到渠成的事情。学生自己创作绘本、评鉴绘本，并评选出最优秀的原创绘本进入绘本馆展出。学生的创作令人惊叹，其丰富的想象力与创造力在或稚拙或精美的笔触下得到了完美呈现。这些原创绘本可谓琳琅满目，占据了绘本馆最显要的位置。

我至今难忘那次儿童原创绘本拍卖会。我们事先征得学生的同意，将学生评选出的十大优秀原创绘本进行拍卖。拍卖会现场极其火爆，参与的家长和来宾热情高涨，叫价声此起彼伏，每本原创绘本都是限量版，每本都拍出了几百元的价格，其中一本竟拍出了1020元的高价。拍卖所得纳入学校阅读公益基金，用来购买图书送给与我校结对的山区小学的孩子。学生亲眼见证这个场面，第一次感受到自己的劳动和智慧创造了价值，拍卖所得可以用来帮助那些需要帮助的人，使劳动具有了更深层次的价值和意义，从而提升了学生的社会责任感与公民意识。我相信，这样的阅读与创作主题活动，一定会成为学生和家长、老师一生难忘的记忆。

随着学校儿童绘本阅读课程研发的持续推进，我们又将学校儿童绘本阅读课程群整合到数学、英语、美术、道德与法治等不同的学科领域中，并推出了系列主题绘本群书阅读项目。同时，学校进行无纸化测评，其灵感来源于《不可思议的旅程》等经典绘本；在主题为"来吧，做一片明亮的叶子"入学典礼上，师生共读《天空在脚下》《梦想家威利》《风中的树叶》等绘本；新年将至，为了增强学生对中华传统文化的了解和认同，我们开展了"新年好呀"主题绘本群书阅读活动，让学生阅读《团圆》《小年兽》《冬至》等绘本；每年一度的儿童原创绘本大赛，海选出十大原创绘本，六一儿童节举行隆重的颁奖仪式，让学生的想象力和创意表达能力得到充分释放。

我们深知，无论阅读课程多么完善丰富，如果没有家长的支持和参与，课程实施效果就会大打折扣。为了提高家长对绘本阅读的认识，丰富家长的绘本专业知识，我们做了不少尝试和探索。

我们专门召开了以推动阅读为主题的家长会，邀请一些家长分享自己亲子阅读的经验和做法，并现场回答其他家长的提问。同时，我们还倡导由多个家庭组成一个家庭阅读共同体，不定期进行家庭阅读聚会，交流、分享各自的阅读体会和收获。这增强了班级凝聚力，带动了一些不怎么重视阅读的家庭也加入阅读队伍中来。

我和课程团队的骨干教师一起制作了儿童绘本阅读课程的资源包，供家长选择使用。资源包包括"绘本读写课程30讲"、亲子共读的方法与策略等。其中，由学校骨干教师录制的"绘本阅读专业知识40问"，以系列主题微课的形式呈现，涵盖了"怎样阅读绘本的封面""怎样阅读绘本的环衬""关注绘本的色彩和线条"等专业知识，帮助家长从更加专业的角度认识绘本。由我制作的"绘本读写课程30讲"，以系列音频的形式，回答了家长普遍关心的问题，如"绘本是小儿科吗""不同年龄段的孩子应该读哪些绘本""为什么说绘本能开启儿童的智慧""亲子绘本阅读有哪些好玩的方法"等。这些课程资源聚焦真实问题，并通过具体的案例来阐释，同时，以音频的形式呈现又使得推送和学习变得更为便捷。

除了制作课程资源包，我们还力求让绘本阅读更加生动有趣，以吸引更多的孩子和家长。我曾面向全国各地的家长和孩子、老师推出"绘本里的人生梦想"主题阅读公益课，通过近十本中外经典绘本的导读，展现了人们追求梦想的勇气和决心。通过共读《雪花人》，家长和学生懂得了：只要去做让这个世界变得更加美好的事，这个梦想就值得追求，不论这个梦想看起来有多么不切实际。通过共读《花婆婆》，家长和学生懂得了：做让这个世界变得更美丽的事，自己快乐，还能让别人快乐。通过共读《犟龟》，家长和学生懂得了：在追求梦想的路上，从来没有白费的功夫，也许不是所有的梦想都能实现，但只要不停下，终究会收获意外的惊喜。有个学生留言说，通过读《一条聪明的鱼》，他明白了为什么说这条鱼最聪明，因为它的梦想改变了世界，而且它非常勇敢，做了其他的鱼都不敢做的事，那就是给自己安上了脚走上了陆地……。看了这样的留言，我非常感动，也很欣慰，这样的绘本阅读课，不仅让学生知道从小就要拥有梦想，感受到梦想的力量，而且明白了光有梦想还不行，还要付诸行动。

也许，这就是我对绘本阅读乐此不疲的原因。

童年的朗读

清明时节，大地回春，校园里的空气朗润起来，紫红的杜鹃花开得热烈，又到了一年一度校园"清明诗会"的时候了。"清明诗会"是校园朗诵活动之一，每年的主题基本不变：赞美春天，歌颂祖国和家乡，怀念革命先烈。老师和学生挑选自己喜爱的诗歌、散文、童话等作品，在班级内进行诵读排练。诵读形式灵活多样，小组诵读，集体诵读，配乐诵读，表演诵读，甚至可以请家长参与……总之，要让所有孩子都参与到"清明诗会"中来。开展这个活动的目的不仅在于对学生进行革命传统教育，培养学生对生活的热爱，还在于让学生都参与到朗读中来。朗读本身就是活动的目的之一。

我们为什么如此看重朗读？这主要是由于朗读能够培养学生的语感，帮助学生体会文字蕴含的情感，对学生进行精神和道德教育，同时提升学生的阅读能力。朗读，是生机勃勃的校园生活的一部分，是感受美、表达美、赞叹美的一条路径，也是丰富精神、培育道德、提升审美能力和阅读能力的重要载体。

苏霍姆林斯基非常重视朗读，他多次提到自己和帕夫雷什中学的老师是如何带领学生开展朗读活动的，朗读又在学校教育中起到了什么作用。有一些画面长久地留在我的记忆中。

当穆索尔斯基的音乐缓缓奏响，苏霍姆林斯基给学生朗读《安娜·卡列尼娜》和《战争与和平》，面前是列夫·托尔斯泰的画像，学生聚精会神地倾听老师朗读，感受到了艺术的巨大力量。

在那些秋天的夜晚，窗外风雨大作，而室内燃烧着熊熊的炉火，在一间用废弃的旧农舍改造成的类似船舱的"舱室"里（苏霍姆林斯基和孩子们称之为"北方鲁滨逊号"），苏霍姆林斯基在给学生朗读科学家和探险家的故事，学生都屏住了气息……。我相信，多年以后，那雨点敲打"舷窗"的声音，炉子里燃烧的木柴噼噼啪啪的声音，连同苏霍姆林斯基动情的朗读，都会成为优美的交响乐，长久地回荡在学生的记忆深处。

朗读在帕夫雷什中学是一种常态：

> 每节课上，孩子们都听老师作示范性的、充满情感的、富于表现力的朗读。然后他们自己也朗读，并且不仅读教科书上指定的课文，而且读自己喜爱的书。[1]

苏霍姆林斯基依据多年的经验，与帕夫雷什中学的教师集体得出一个结论：要学会富有表现力地、流畅地、自觉地阅读，要使学生在阅读时不是思考阅读过程，而是思考所读的内容，他就需要在低年级至少花费 200 个小时在朗读上（包括在学校里和在家里），至少花费 2000 个小时在默读上。所以，我们应该充分认识朗读和默读的重要性，在学生学习的起始阶段就开始这样的练习，不论是在学校里还是在家里，都要舍得在朗读和默读上花时间。因此，帕夫雷什中学在低、中、高不同年级都会挤出一些课时，让学生朗读自己喜爱的文艺作品。有时可以是几个学生，有时则是全班学生，大家朗读同一篇作品，这就变成了一场生动的朗诵比赛。当帕夫雷什中学的学生一起朗读契诃夫的《草原》、屠格涅夫的《猎人笔记》时，那是一番怎样激动人心的情景呢？

---

[1] 苏霍姆林斯基. 帕夫雷什中学 [M]. 赵玮，王义高，蔡兴文，等译. 北京：教育科学出版社，1983：336.

苏霍姆林斯基在倡导校园朗读的同时，还非常重视提升教师的朗读技巧：

> 我们看到个别教师对缺乏表情的朗读并没有留心，这是因为他们没有语感，不能体会所读的东西在含义上和情感上的微妙之处。鉴于这种情况，我们就为低年级教师组织了一个阅读讲习班。教师们在讲习班里修炼了自己的既能理解又能流畅而有表情地朗读的能力。[1]

"阅读讲习班"类似于我们现在的以阅读为主题的教师培训项目。我校也曾几次举办类似的培训。为了帮助更多的教师提高朗读水平，除了在理念上达成共识，我们还邀请了电视台的播音员来校指导。播音员给教师现场示范了如何正确用嗓、护嗓，如何让自己的朗读字正腔圆，如何控制自己的表情，如何通过一定的技巧让自己的声音更有感染力和表现力。曾有人质疑，朗读培训只要语文老师参加就可以了，为什么还要数学老师、科学老师，甚至体育老师参加呢？其实，这种培训看似与这些学科教学关联不大，但对每位教师来说都非常重要。这首先是因为具有清晰的表达能力是教师的一项重要的基本功。同时，教师的表达能力——尤其是朗读能力的提高，对培养学生的语感，提升学生的阅读能力，开展审美教育与道德教育等，具有莫大的帮助，而这些从来都不只是某个学科老师的事情，而是所有教育工作者都应该重视和参与的事情。

苏霍姆林斯基对朗读的重视也反映在他的日常听课工作中。他和教导主任在小学里听课时，曾经提出一个专门的目的：听学生朗读。同时提出一项任务：每一年要对每个学生的阅读能力做出评价。他认为一个阅读能力不好的学生，就有可能成为一个后进生。由苏霍姆林斯基对课

---

[1] 苏霍姆林斯基. 和青年校长的谈话 [M]. 赵玮，等译. 北京：教育科学出版社，2009: 20.

堂教学的关注点，我联想到当下很多课堂教学观察和研究。有些课题看上去非常高大上，也很有"前瞻性"，研究内容中新名词、新概念层出不穷，大量数据、各种研究工具和技术令人眼花缭乱，但那些所谓的研究成果对教学的促进作用又有多大呢？苏霍姆林斯基对课堂教学的一个重要关注点是学生的朗读，通过这个维度去观察和研究学生的阅读能力，还可以观察和研究教师在课堂上推动朗读的情况。苏霍姆林斯基的实践和研究，除了让我们充分认识到朗读的重要性，还拓宽了我们研究课堂教学、学生阅读能力评价、教师专业能力培训的视角和维度。确实，真正的教育研究不一定要面面俱到，也不一定非得借助高深的理论、前沿的技术，回归教育的初心，我们就能找到恰切、有效的研究视角，从而真正促进学生和教师共同发展。

正是因为认识到朗读的重要作用，我校开展了丰富多彩的朗读活动，推动师生积极参与朗读活动，营造浓郁的朗读氛围。青年教师小陆在朗读指导方面很有心得，曾在多个晚会上担纲主持人，我鼓励小陆老师总结自己在朗读方面的实践探索。于是，他根据自己在朗读方面的心得，写了一本谈朗读的书，书中记录了他在自己所任教班级进行的多种尝试。他还在微信公众号上发布自己、学生和家长的朗读音频，将全国各地热爱朗读的教师、家长和孩子聚集在一起，微信公众号成为他们展示自我、表达自我又彼此激励的平台。同时，他将自己在朗读方面的研究和探索运用到教育教学中，他在课堂上教会学生朗读的技巧，让他们体验朗读的多种策略和方法，感受朗读是如何表达感情，如何帮助我们去触摸文字的温度，以及如何打开我们的心灵空间……

同时，为突破时空的局限，我还带领教师进行朗读资源的建设，以确保朗读课程的持续性、实效性。我和学校几位青年教师一起，推出了系列校园诵读课。我们挑选了一些经典绘本，老师们精心录制了数百个绘本朗读音频，后期加上了配乐，形成了一整套绘本朗读音频资源。这些绘本朗读资源可以供教师在课堂上跟学生共读绘本时使用，也可以供家长在进行亲子共读时使用。我推出了面向一年级小朋友的"跟校长一起读诗"的朗读课程。我选择了近60首经典唐诗，每首诗我都首先抓取主要元素进行简单的介绍，包括作者生平、创作背景，诗歌中涉及的一些知识，诗歌的大意以及表达的感情等，都用学生能够理解的语言讲解。接着进行范读，并辅以精美的插图和优美的音乐，制作成课件，形成一个集多种元素为一体的唐诗朗读课程资源包，在学期初发放给一年级老师。老师们在早读时间就可以播放这些音频，跟学生一起朗读这些诗歌。这些朗读课程资源在疫情期间发挥了重要作用：每天早晨，学生都是在这样的唐诗朗读中开启一天的学习生活。我希望我的朗读可以陪伴学生，哪怕不能天天见面。

难忘师生居家学习期间，我们开启的每日线上朗读活动：

当夜色降临
我站在台阶上倾听；
星星蜂拥在花园里，
而我站在黑暗中。
听，一颗星星落地作响！
你别赤脚在这草地上散步，
我的花园到处是星星的碎片。[1]

教师和学生一起诵读的是索德格朗的诗——《星星》。那些"星星的碎片"，闪烁着动人的光芒，落入我们的心底，点亮了那些阴沉的日子。

---

[1] 北岛. 给孩子的诗 [M]. 3 版. 北京：中信出版社，2022: 38.

第四辑

让每位教师都登上
学术舞台

让每位教师都登上学术舞台

　　围绕教师的专业发展，我们有很多举措，多年来积累了丰富的实践经验。除了各级部门组织的各类教师培训，校本研修也是一个重要的平台，是一种成本较低、不易构成工作和学习相互矛盾的研修方式。我任职过的几所学校都非常重视校本研修，除了每学期都有明晰的研修主题，还有着眼于长远的教师研修活动，如"启明课堂""扬辉论坛"和"向晓研读"等。

　　这些活动都有好听的名字，而且都指向教师专业发展的重要维度："启明课堂"指向的是教师课堂教学的理念与技术，目的在于提升教师的执教能力；"扬辉论坛"指向的是教师的学术研究能力，目的是展现与分享教师在学术方面的最新成果和研究发现；"向晓研读"指向的是教师的阅读能力，目的是完善教师的知识结构，夯实知识底蕴。这三个研修活动构建了一个相对稳定、目标明确的研修模型，也搭建了一个校内学术研讨与成果展现的平台。

　　根据研修计划，每位教师都深度参与这些活动，从课堂教学、学术研讨、阅读分享等多个维度进行交流和展示，每位教师都以不同形式登上了学术舞台，成为研究者，分享自己的学术成果，展现自身的职业魅力。

　　我至今难忘青年教师小周在"扬辉论坛"上的表现。小周是一位数学老师，入职不到三年，担任班主任，她淳朴善良，喜欢孩子，性格有点儿内向。我听过她的课之后，发现她思维清晰，语言简洁，唯独不够自信，上课时趣味不够，没能展现数学的魅力，致使一部分学生在课堂上注意力不够集中，课堂效率也就打了很大的折扣。那天，小周老师登上了"扬辉论坛"，她首先分享了几位中外著名数学家的研究故事，接着回顾和梳理了数学发展史上一些重要节点，也提到了当前数学界最关注的研究领域，以及我国数学家在这些领域的突破性研究。说实话，小周讲述的内容有许多是我的知识空白点，我并没有完全听懂——我相信可能有不少老师跟我的感受差不多，但这并不影响我们对她的佩服：小周在"扬辉论坛"上的表现是以往我们不曾见过的，她的讲演展现了数学的魅力和自己对数学的热爱，也展现了她对数学知识体系和最新研究成果的了解与把握。讲演结束，当老师们的掌声响起时，小周的脸上露出了略带羞涩的欣喜的笑容。我思考着她在"扬辉论坛"上的表现与平日课堂教学的反差，似乎明白了一点：当她的心中只有数学，当她没有了课堂上学生能否听懂的压力和担心时，她就能全身心地投入演讲中，展现数学的魅力和她对数学的热爱。虽然小周的课堂教学技能需要磨炼，尤其是在针对儿童的心理特点和思维发展规律、调动学生对数学的兴趣、提高课堂教学效率方面，她还有很大的提升和改进空间，但我依然看到了这个老师身上最可贵的东西，那就是对学科的热爱和对本学科领域最新研究成果的关注，还有她那颗善良的热爱儿童的心。

我相信，小周具备成长为一名优秀教师的基本素质，只要针对她的短板提供帮助和指导，她就一定能突破教师生涯最初阶段的这个沟坎。小周的这次讲演，也让我再次看到了举办"扬辉论坛"的意义。那就是给所有教师搭建学术舞台，让每位教师都有机会作为学科专家或研究者登上学术舞台。

让每位教师都能登上学术舞台，是苏霍姆林斯基在帕夫雷什中学的重要教育实践，他非常重视和支持教师在校内进行学术讲演：

我校教师大约每月两次向自己的同事们作学术问题讲演。[1]

在这样浓郁的学术氛围中,帕夫雷什中学培养了一个优秀的教师团队,每位教师都有自己独特的专业特长和发展路径。教师讲演的题目涉及面非常广泛:大脑科学、生物化学、环境科学、道德教育、审美教育、宇宙起源、相对论等。教师从不同的领域和视角,在同事和学生面前展现了一个个无比开阔、丰富、深入的研究领域。有些讲演主题看似与这个年龄段的学生无关,也不一定要求教师都去了解和掌握相关研究领域,但苏霍姆林斯基以他高超的洞察力和一以贯之的长远的眼光,向我们揭示了教师做这些学术讲演的意义。他认为,除了一般意义上的开阔眼界,这些学术讲演中涉及的所有知识领域,无论是科学、技术还是艺术问题,都会对教育实践产生重要影响,都会在学生面前照亮一条知识路。当帕夫雷什中学的一位教师做完"什么是遗传学"的讲演之后,不但一些喜爱园艺和植物栽培的教师做起了科学实验,学校里还出现了好几个科学课外活动小组,少年科学家们在研究化学物质对染色体的影响。这些都给我们带来深刻的启迪:教师深入、生动的学术讲演对学生的教育将起到很大作用,它会指引学生探索知识的方向,激发学生的求知欲,激活学生身上可能被深埋的天赋才华。

的确,教师的学术讲演展现了知识的魅力,会对学生产生积极影响,其实这种讲演还有很多作用。

通过教师的学术讲演,学校管理者可以发现教师未被发现的才华和魅力,也有助于为教师设计合适的专业发展路径。每位教师都有自己的专长、兴趣,也会有自己的短板、局限。通过学术讲演,教师既可以展现和分享自己的专长、兴趣,增强自己的学术自信,也可以让学校管理

---

[1] 苏霍姆林斯基. 帕夫雷什中学 [M]. 赵玮,王义高,蔡兴文,等译. 北京:教育科学出版社,1983:29.

者有针对性地帮助教师认识、弥补短板与局限。

学术讲演会促进教师不断完善自己的知识结构。教师在准备学术讲演的过程中，会调动自身的知识储备，梳理、整合甚至重构这些信息，并找到最佳的呈现和分享方式。教师也可能针对自己即将讲演的主题查询资料，掌握当下关于该主题的最新研究成果，从而丰富自己的知识底色，提升自己的专业能力。在我校"向晓研读"这个研修活动中，我们主张教师在讲演中发表与分享阅读成果时，不要局限于教育教学类图书，还要扩展到人文社科类和科技类图书，要不断开阔自己的阅读视野。因为一名优秀教师应该具有比较完善的知识结构，不能只读教育教学类图书，更不能只读自己任教学科的书。当教师通过足量多维的高品位阅读，逐渐丰富知识底色时，站在讲台上也就会有更多的专业底气。因此，我们建议老师们通过阅读填补自己的知识空白，弥补短板，发展专长。

学术讲演会在教师团队中营造浓郁的科研和学习氛围。教师准备学术讲演的过程本身就是科研和学习的过程。在听其他教师讲演时，教师可能会产生新的思考，形成新的观点。当一个团队中每位教师都不断输出、分享自己的智慧，也不断从同伴那里获得新知，受到启迪时，这个团队的科研和学习氛围自然就会浓郁起来。

曾有专家说，教师不需要做什么科研，也不需要发表什么学术成果，只要把班级管好，把课上好就行了。当然，把班级管好、把课上好是教师的本分，但这个说法的问题在哪里？为什么有的学校不能也不肯给教师搭建学术舞台？一个根本原因是没有把教师当成真正的研究者，否认了教师工作的创造性和复杂性。教师的工作要求每位教师必须不断更新知识，去学习、研究如何面对各种各样的挑战。同时，每个学生都是复杂的生命个体，针对这些复杂生命个体的教育是不可重复、照搬的，也不会一蹴而就的。因此，让教师登上学术舞台，不仅是对教师作为研究者的尊重，也是对教师这一职业本身的尊重。

好老师意味着什么

这几年，我所在学校每年都会有年轻人加入教师队伍。可以说，每名新老师的加盟，都被寄予了很高的期望。这些期望说白了，就是期望他们能成为好老师。

做一名好老师不容易。过去不容易，现在就更难。那么，好老师是什么样的？什么样的人能成为好老师？关于"好老师"，有许多不同的说法。在学生、家长、校长、教师同行、媒体记者的眼里，好老师的标准能一样吗？当然不一样。因为角度不同，站位不同，自然评判的标准也不一样。但我相信还是有一些特质是大家都认可的，比如，对学生的爱，拥有教育智慧，掌握必要的教育教学技能，等等。

我的脑海中又浮现出很多年前的一个场景：一名青年女教师在上一节公开课，讲的是寓言故事《自相矛盾》，但这节课只上了20分钟就不得不下课了。这是女教师第一次登上公开课的讲台，她非常紧张，以至于遗漏了几个重要的教学环节，课堂教学逻辑因此被打乱，她便只能草草收场。

这个年轻人就是我。

转眼，30年的光阴已经逝去，我已经是一名"资深"教师了。有时我会想，除了我自己，还有谁会记得那节课，记得一名青年教师的尴尬过往？某些对自己来说刻骨铭心的记忆，在别人眼里只是平常。确实，不只是我，许多青年教师都是这样跟跟跄跄地出发的。但正是这样的经历激励着我，不断锤炼自己的基本功，打造自己的专业底气，我才能在课堂上自信地站起来。

诚然，一节不成功的公开课展现了我的青涩，但没有因此而沉沦又印证了我的不服输。那么，我为什么执着于上好语文课，也坚信自己可以成为好老师呢？

初中时代，我的语文老师于老师让我第一次见识到语文的魅力。他写一手非常漂亮的粉笔字，喜欢使用不同颜色的粉笔强调重点，并且极其重视排列和结构的美观性。板书完毕他会停顿几秒钟，歪着头短暂地端详他的板书——我们也不由得随着他一起端详，这个细节让我至今难忘。他每周都让我们写周记，题材不限，须定时上交，他则逐篇批阅——有一次我翻开下发的周记本，发现上面有许多大红的圆圈（这些符号是表示赞赏之意），鲜艳的红色闪着我的眼，那一刻我发现了自己在写作方面的"才华"和"天赋"。他非常重视给我们推荐知名作家的作品，那时候学校图书馆资源有限，没有电脑和打印机，他便不厌其烦地亲自动手，使用老式蜡纸油印机印发许多经典美文，字迹工整、清晰又美观（他也因此成为学校里的油印高手）。课堂上往往由他先范读一遍，再让我们大声诵读，并且要逐个背给他听，想要滥竽充数完全不可能。直到现在，我似乎还能闻见那油墨的香味，耳畔还响彻着老师浑厚的诵读之声："雨啊，我歌颂你的狂暴，也赞美你的轻柔……"

也许我对教学和文学的热爱，就是在那个时候扎下了根。于是，后来我选择做一名语文老师——我觉得"语文老师"这个职业能最大限度兼顾我对教学和文学的爱。

但我真正开始做语文老师，并非一帆风顺，我在公开课上的惨败就是一个实证。为了帮助我尽快成长，学校领导请年级组长王老师做我的师父。王老师当年四十多岁，为人善良淳朴，从事语文教学和班主任工作多年，教育教学经验丰富。看我面对调皮的学生一筹莫展，王老师与我一起对学生进行教育，还亲自带我去做家访，与家长交流，让我看到她怎样赢得家长的信任。时至今日，王老师与家长说话的方式、表情，仍深深印在我的脑海里。我能感受到王老师对学生的慈爱，以及她和家长交往时不妥协的态度，这两点对我的教师生涯影响很大。王老师也多次指导我的教学。有一次她看了我批改的学生作业，没说什么，只拿出她班的学生作业让我看。我看了几本，不觉羞愧不已：相比之下，我班的学生作业字迹潦草，我的批改也马马虎虎，多有错漏。她虽未直接批评我，但我已经明白了王老师的用意：认真备课、批改作业，严于律己，严格要求学生，这是为人之师的本分。

多年之后，我也做了青年教师的"师父"，我常常跟青年朋友们讲语文教学的方法与策略，有时也会讲起一些教育往事：讲王老师当年对我的帮助和教诲；讲于老师当年在教室里如何展现他优美的板书，如何成为一个油印高手，如何督促我们诵读经典美文；讲我自己如何像王老师和于老师那样激发学生心底的热爱，以及怎样坚守教师的本分。在我看来，那些往事里蕴藏着教育的真理和教师专业成长的秘诀。

我想到了苏霍姆林斯基对好老师的评判标准。他认为，一名好老师首先意味着他热爱孩子，相信孩子，关心和了解孩子，并且时刻不忘自己也曾是个孩子；其次，一名好老师应精通他所教学科据以建立的那门科学，热爱那门科学，并了解它的最新研究成果；再次，一名好老师要精通心理学和教育学；最后，一名好老师要精通某项劳动技能，是这项工作的能手。我们从苏霍姆林斯基的观点中，能够感受到他对教师工作本质的深刻理解，看到他宏大而全面的教育理论与实践体系的坚实基础和根本核心，以及教师专业成长的规律和关键所在。苏霍姆林斯基始终把爱孩子看作是成为一名好老师、好校长的首要前提。的确，很难想象一个不爱学生的人会成为一名好老师、好校长，也很难想象一名不爱学生的老师会钻研、热爱自己所教的这门学科，一名不爱学生的校长会管理好一所学校。对教育学、心理学知识的全面把握，是我们从事教育教学工作的必备基础。苏霍姆林斯基高度重视劳动教育，要求学生人人参加劳动，在劳动中开启智慧，磨炼意志，形成公民意识，培养高尚的道德与正确的价值观。这是劳动教育的核心目的。因此，要求教师掌握一项劳动技能，成为一个劳动能手，是教育的必然需求。

在我看来，曾经给予我教诲的于老师和王老师符合苏霍姆林斯基对好老师的评判标准。他们让我看到了好老师是怎样教育教学的，好老师身上有什么样的特质。我还经常会想起他们教育教学中的很多细节，当时的我并不能完全理解，但多年之后，回顾起与他们在一起的那些岁月，无论是从学生的角度，还是从教师的角度，我都发自内心地深深感佩。他们对学生、对教育教学的纯粹的热爱，他们的人格魅力，在学生面前展现的学科魅力，以及认真负责的工作态度，还有他们启迪我、引导我的方式，都让我感受到他们就是真正的好老师。而我在学生阶段、在教师生涯的起步阶段就遇见他们，是多么幸运！

做校长这些年，在教师招聘工作中，除了严格遵循规定的对教师招聘的基本要求，我特别看重的就是应聘者是否真正爱学生、爱教育教学，他是带着怎样的设想走上教师岗位的，他自身的知识结构、兴趣爱好、眼光和视野如何。这些年轻人可能在专业知识上还有不少欠缺，也没有实践经验，但他们对学生的爱，对教育教学工作的热情和深思熟虑的态度，都显示出他们具备成为好老师的潜力。为此，每逢毕业季，我都会抽出时间来到一些大学，与希望进入教师队伍的毕业生进行充分交流、座谈。这样的交流、座谈有时会持续一整天，结束时我的嗓子往往都已经哑了，但我觉得，在这件事上无论耗费多少精力都是值得的，因为不断地寻找、培养好老师是一名好校长的职责所在。

好老师的五个特质

　　苏霍姆林斯基提出了好老师的四项标准：热爱孩子；精通他所教学科据以建立的那门科学，热爱那门科学；精通教育学、心理学；精通某项劳动技能，是这项工作的能手。苏霍姆林斯基对这些标准都做了精辟阐释，同时他用大量案例向我们证明了这些标准在教育教学实践层面的巨大意义和价值。他认为校长首先是一名教师，其次才是学校管理者，他把自己定义为"教师的教师"，用实际行动诠释了一名好老师的美好面貌和基本特质。同时，他多次用大篇幅的文字介绍他如何指导和培养教师，帕夫雷什中学的每位教师都有怎样的美好特质，以及这些特质在教育教学实践中具有怎样的价值。

　　我不断地阅读这些文字，脑海中浮现出帕夫雷什中学的优秀教师群像，在感佩之余，联系我自己的校长生涯，与其说是我在指导和培养教师，毋宁说是我在与教师共同成长。我们带着共同的热望，一起求索如何成为好老师。我也总结了好老师的五个特质。

把教师工作当作事业，而不是职业

　　"事业"和"职业"有区别吗？在我看来，区别就在于他在从事教育工作的过程中是否对自己有比较高的期许，他是否渴望到达某个自己目前仰望的高度。如果他满足于工作中不出差错，各项考核评估基本过关，不去追求更高的目标，就是把教师工作仅仅当成一个职业。如果他把教师工作当成事业，就会有比较明确的专业发展规划，这个规划路线一定是不断延伸的，没有终点，不会自我设限。不管他从教多少年，他一定会对自己有所要求，要求自己不沉沦，不平庸，在平凡的岗位上，不断创造新成就。从苏霍姆林斯基指导和帮助青年教师菲利波夫漫长的历程中，我们不但能感受到苏霍姆林斯基在培养教师方面的决心和意志，也能感受到被帮助的青年教师菲利波夫要做一名好老师的坚定愿望。他是把教师工作当成自己真正热爱的事业去做的，否则他不可能在漫长的岁月中不断精进，最终成长为一名优秀教师。

耐得住寂寞，沉潜数年，打造自己的专属教育品牌

我们所处的这个时代，一个企业、一个产品，如果没有形成自己的品牌，就不能赢得消费者，更不可能在激烈的市场竞争中占据优势。教育亦然。很难想象，一所好学校没有自己的教育品牌。同样，一名好老师也不能没有自己的教育品牌。如果一所学校有许多"品牌教师"，我相信这一定是一所好学校。在帕夫雷什中学，每位教师都有自己的专业特长。用我们现在的眼光来看，他们每人都形成了自己的教育品牌，成为学校的"品牌教师"。按照苏霍姆林斯基的说法，他们都是学校的骄傲。

我常跟年轻的教师朋友们讲，在职业生涯的最初几年，一定要多方出击，在教育教学的各个领域进行尝试，以寻找自己专业发展的最佳方向与最擅长的领域。班级管理、课程研发、教育科研、教育写作、课堂教学、问题生教育、心理辅导、体育活动、信息技术等，不一而足，都可以去尝试、研究。

一旦找准方向，就要下决心在这个领域深耕打造自己的专属教育品牌。这条路并不容易，需要耐得住寂寞，沉潜数年，术业专攻，才会小有成就。这还不够，还需要继续钻研，沿着正确的方向持续不断地努力，如此才可能闯出一片天地，形成自己的教育品牌。如果有一天大家

谈论某个领域，就自然会提到你，或者大家看到你就会自然想到某个领域，你就有了自己的专属教育品牌。

不断突破自我，拓展新领域

这个时代唯一不变的就是变化。我们如果停下自己的脚步，将无法跟上教育发展的步伐，无法应对教育实践中错综复杂的局面。教育，早已不是封闭的领域——事实上从来不是；教师，也早已不是一个单纯的职业——事实上这是世界上最复杂、最繁难、最精细的工作之一。因为，我们的工作对象不是工业流水线上的标准化产品，而是活生生的人，是每个都很不一样的人。

这给我们带来的启发就是：在教育工作中，有无限等待我们去探寻、去拓展的领域，自然也就有发展自己的无限可能和空间。这让我们相信，永远有一些东西是未知的，是新鲜的，是值得去发掘的。因此，当我们不断突破自我去拓展新领域的时候，我们就能发现教育工作中最迷人的地方。苏霍姆林斯基主张要千方百计尝试，让学生找到自己喜欢的劳动领域，把学生吸引到创造性的劳动中来，其实对教师来说又何尝不是如此？

拥有自觉意识，主动出击，不断给自己创造机会

常听一些老师抱怨自己所在学校条件一般，资源受限，领导不赏识自己，同事没水平，觉得自己没有发展机会。但是，机会在很多情况下不是等来的，而是自己创造的。没有机会也要千方百计地给自己创造机会。当然，这里所说的"创造机会"不是钻营，而是审时度势，结合自己的实际情况，利用现有条件，寻求发展空间。其实对教师来说机会唾手可得。

比如，在教室里，教师就是"国王"。教师开展什么样的课堂教学，构建什么样的班级文化，在学生身上施加什么样的道德影响，在具体的每节课上落实什么样的学生观、教学观、价值观，在绝大多数情况下都可以自行决定。教室，就是教师的"王国"，教师的阵地，教师的研究所。这里空间虽小，但可大有作为。而这也是苏霍姆林斯基数十年如一日坚守课堂、从事课堂教学研究的原因。

又如，苏霍姆林斯基反复强调书籍的力量，倡导每位教师都要写教育日记。而阅读和写作对每位教师而言，就是给自己创造机会，而且它不受地域和其他条件限制。如果我们能把阅读和写作当成生活中很重要的一部分，随着阅读和写作的持续推进，我们的发展空间就会不断扩大。当阅读和写作成为我们的日常生活，每天就都是成长的日子，每天都在前行。在阅读中，我们不断完善自己的知识结构，丰富生命的底色，让自己的专业底气更足。在写作中，我们不断反思、审视、总结、提炼，那些看似平常的瞬间，那些不起眼的事件，都有了光泽，有了价值和意义，我们擦亮了生命中的每个日子。当我们本身站成一树风华时，就拥有了生长的无限空间。

拥有宽广的视野、博大的胸怀和格局，将心神聚焦在美好的事物上

有人说，教师是一种特别消耗人的工作，它长年累月消耗着我们的心神，我们的身体，直到有一天两鬓染霜，我们的职业生涯也就结束了。的确，如果教师的生活中只有备课、上课、批改作业、辅导学生，不能从这些琐细的工作中找到价值和乐趣，也不能发现并尝试着去追求、创造教育以外的美好事物，遇到一点儿小挫折就觉得天塌下来了，那么，教师确实就成了特别消耗人的工作。因此，教师要去寻找美好的事物，将心神聚焦在美好的事物上，让自己充满能量，心向明亮那方。

现实中有些老师全身心扑在工作上，他们的世界里除了工作没有其他，也许是无暇关注，抑或是不感兴趣。也有一些老师正好相反，他们把主要精力放在自己的家庭上，工作只是他们为了获取那份并不高的薪水而不得不完成的任务，他们盼着下课，盼着放学，一走出校门就成了另一个世界的人，教育似乎跟他们没什么关联。其实，在我看来，这两类老师都难以成为真正的好老师。

教师从来不是一个单纯的工作，教室、学校从来不是封闭的空间，我们面对的学生包括他们的家长从来不是整齐划一的。我们必须敞开胸怀，拓宽视野，打开格局，从更高层面去理解、体验教育工作，发现更多美好的事物，将心神聚焦在那些美好的事物上。只有这样，我们才能聚集能量，充满活力，才能更好地应对各种挑战。我们来看苏霍姆林斯基的观点：

> 多年的经验向我们证明，有效地开展学生全面发展工作的一个最重要的条件，就是教师集体要有丰富多彩的智力生活，要有多样化的兴趣、广阔的眼界、顽强的钻研精神和对科学新事物的敏感性。[1]

是的，永远保持对世界的好奇心，对生活满怀热情，对教师来说是多么重要！我的眼前闪现出这样的场景：星空下，苏霍姆林斯基正在和学生露营，他们点燃了篝火，讲述童话故事。白天他们驾驶着小船，穿过水库，驶入大河，去水上旅行。阔叶林里回荡着学生的欢声笑语，与桨声、水声融为一体。我想，当我们带着学生体验这些美好的事物时，教育本身便已经成为美好的事物。

---

[1] 苏霍姆林斯基. 帕夫雷什中学 [M]. 赵玮，王义高，蔡兴文，等译. 北京：教育科学出版社，1983：25.

校长应沉浸在课堂中

校长的工作面临着来自方方面面的挑战。忙忙碌碌，行色匆匆，成为很多校长的写照。在很多时候，让我感到苦恼的是，我刚上完一节课，或者刚听完一位老师的课，就不得不马上回复某些电话，处理某些在刚才上课或听课期间发生的事情。尽管如此，我依然坚守一个原则，那就是关注课堂教学应该是我工作的中心内容。在苏霍姆林斯基的著作中，我们极少看到他谈论学校的行政事务，他把大量的精力花在学生和老师身上——上课、听课、劳动、开展各种课外活动等。在谈到课堂教学的重要性时，他明确指出：

> 一个有经验的校长，他所注意和关心的中心问题就是课堂教学。经验证明，听课和分析课是校长的一项极为重要的工作。[1]

的确，在苏霍姆林斯基二十多年的校长生涯中，课堂教学始终是他高度关注的中心问题。我们可以看到他不仅本人上课，也听教师上课，与教师一起分析课。他上过数学课、文学课等不同学科的课，积累了丰富的课堂教学经验，洞察了学生思维发展、教师教育教学理念形成与技巧提升的基本规律，这为他的研究和实践奠定了雄厚的基础。他与教导

---

[1] 苏霍姆林斯基. 和青年校长的谈话 [M]. 赵玮，等译. 北京：教育科学出版社，2009：216-217.

主任一起，每天都至少听两节课（因故耽误时必须弥补），听完课后就与教师一起分析课，既分析学生的学习情况，也分析教师上课时出现的问题及原因，提出后续改进措施。他认为，教师的教学技巧、学生的需要和兴趣的多面性等，都取决于听课和分析课这一工作是否有高度的科学水平。如果校长是一个研究课堂教学的高手，能够对课堂教学进行科学系统的分析，使课堂教学不断得到改进，那么整个学校的教育水平就能得到提高。

苏霍姆林斯基在课堂教学方面有许多真知灼见，许多具体的做法也可供我们借鉴。比如，他在听课和分析课的过程中，始终把观察学生的课堂学习状态放在重要位置，而不是仅仅关注教学方法和教学策略。的确，当我们意识到要把学生放在重要位置时，我们就会发现课堂教学中以往被忽略的一些东西。比如，观察一些青年教师的课堂，可以引发思考：怎样调动学生的学习兴趣，让大多数学生的注意力尽可能集中？为什么有些学生眼神茫然，似乎什么都无法吸引他们？为什么精心设计的教学环节没有取得理想的效果？只有在课堂现场仔细观察，并对这些现象加以分析，我们才能发现真问题。我在听课的时候，经常会着重观察班级中的某个学生。这个学生往往不起眼，也许整节课都没有举手发过言，或者偶尔一次举手但没被叫到。为什么他的眼神中没有光芒？他的世界究竟是什么样子的？……课后，我都会就这些观察和发现与上课教师交流，上课教师的回复往往出奇的一致。在这之前他们几乎没有注意到这个学生，也没有注意到他在课堂上的这些细微表现，更没有研究过像这样的学生班上还有几个。因为他们把注意力主要集中在那些发言积极的学生身上，看到那些踊跃举起的小手，教师就认为自己在课堂上讲解的知识学生都听懂了。然后，我们拿出课堂作业本，查看这个学生刚才的课堂练习完成情况，以检验我们的分析是否准确。我们还会探讨接下来的改进措施，不仅要关注和研究这个学生，还要帮助这位教师整体改进课堂教学。我认为，只有在真实的教学现场，我们才能真正了解学生的学习状态等，才能真正帮助教师改进课堂教学。因此，这种研究对执教者和听课者都非常有价值。

苏霍姆林斯基建议校长不要只是去听那些没有经验或者课堂教学效果不好的教师的课，那些有经验的教师的课也要多去听。因为听这些有经验的教师的课，校长就可以把他们个人创造的一切有价值的东西都吸取过来，总结分析和推广，使其变为全体教师的共同财富。这为我们带来了另一种视角，让我们重新审视我们听课的目的。一直以来，我们总是觉得应该去听那些没有经验或课堂教学有问题的教师的课，因为通过听课我们可以帮助他们发现问题，同时寻找解决问题的策略。这样做当然有意义，但苏霍姆林斯基的做法告诉我们，在听课与评课时发现问题和总结经验同样重要。

面对青年教师课堂教学中表现出来的种种具体问题，我和老师们一起走进一些优秀教师的课堂。我们曾从学校优秀数学教师郑老师的课堂上获得很多启发。郑老师任教的班级学业成绩优秀，她过去教过的许多学生在毕业多年之后还会谈起郑老师当年帮助他们形成了良好的学习习惯、解决问题的思维方式，以及她对学生既严格要求又热情鼓励的态度。在课堂上，我们看到了郑老师如何启迪学生的思维，清晰、完整地展现整个思维过程，让学生领会解决问题的思维方式。但这些还不是让我们最佩服的。看到学生的课堂作业时，大家都赞叹不已。作业上的每个数字、每个运算符号学生都写得那么认真，甚至称得上漂亮；每个步骤、每个运算条件都呈现得非常清晰，展现了完整的解决问题的过程。这样做，不仅可以让一部分优秀学生进一步梳理自己的思维，也有利于中等生和个别后进生理解问题的解决过程；而且对数字、符号、步骤等每个细节的严格要求，有助于培养学生良好的学习习惯，杜绝一些常见的粗枝大叶、字迹潦草等坏习惯，让学生受益终身。走出郑老师的课堂，有一位老师发出了感叹："原来我以为数学学科对书写的要求不需要那么高，现在才明白这种想法是错误的。书写涉及习惯培养和思维过程，对数学学科也非常重要！"

苏霍姆林斯基对课堂的研究十分深入，他强调：

> 课堂是反映教师的一般修养和教育素养的一面镜子，从中可以看出他有多少智力财富，他的见识和他的博学程度。[1]

苏霍姆林斯基认为，某节具体的课的质量，是与教师的精神生活有着密切联系的，教师的精神财富、眼界、兴趣都会影响一节课的质量。他始终强调教育与教学是不可分开的。因此，我们在课堂上还要高度关注教育与教学是相互交叉、彼此交融、相辅相成的这一十分重要的事实。一位教师站在讲台上讲课，他在讲解教材时，不但是在向学生打开通往知识世界的窗户，而且是在表现他自己。一位教师展现了怎样的自我，对坐在课堂上听课的学生来说至关重要，甚至超越了学习知识本身。因此，听课和分析课的主要目的，应该是研究教师的眼界、兴趣和精神财富是如何表现出来的。

在现实中我们听一些教师上课，有时会发现教师的知识视野非常有限，所以他的课堂是封闭的，在课堂上无法形成高质量的教学对话，也无法给学生带来更多的启迪和思考。在这样的课堂上，学生往往无法感受到知识的魅力。而在一些优秀教师的课堂上，我们却能从某些环节、某段对话中看到教师的精神生活和知识视野。江老师带领学生阅读童话，她给学生推荐了三部经典童话作品——《安徒生童话》《格林童话》和《王尔德童话》，其中有这样一个教学环节：

> "同学们，在你的印象中，童话里的公主都是什么样的？"阅读

---

[1] 苏霍姆林斯基. 和青年校长的谈话 [M]. 赵玮，等译. 北京：教育科学出版社，2009: 221.

课上，江老师向一群三年级的小朋友提出了这样一个问题。

小手纷纷举起来："公主都是美丽善良的，比如小人鱼！""还有白雪公主，也是美丽善良的！"

"照这样说来，所有的公主都是美丽善良的？"江老师微笑着反问。

一双双明亮的眼睛里露出了狐疑的神色——难道公主不应该是美丽善良的吗？见此情景，江老师呈现了几个经典童话片段让学生阅读，如《格林童话》中的《青蛙王子》，《王尔德童话》中的《公主的生日》，以及《安徒生童话》中的《豌豆上的公主》等，引导学生讨论这些童话里的公主有什么特点。学生渐渐发现，原来公主可以是多种多样的：有的像豌豆上的公主那样娇嫩无比，有的像《青蛙王子》里的公主那样言而无信，有的像西班牙公主那样冷漠无情……。经典童话就这样突破了惯常的模式，给学生带来了无限丰富、鲜活的阅读体验。带着这样的体验，学生在接下来一个多月里，开始了《安徒生童话》《格林童话》和《王尔德童话》的阅读之旅。

这是一节小学三年级的阅读课，也是学校阅读课程团队近年来建构和探索的儿童主题群书阅读课程体系中的一节"启读课"。从江老师的课堂上，我们能够看到她广阔的阅读视野，对童话作品的深度解读，以及对文学作品的审美与鉴赏水平。

王老师、吴老师和陆老师是语文教研团队的优秀教师，他们在各自的课堂上带领六年级的学生阅读了语文教材中的《汤姆历险记》。由于教材截取的是其中一个片段，学生读完后有点儿意犹未尽，三位老师又给学生推荐了《爱丽丝漫游奇境记》和《鲁滨逊漂流记》，帮助学生一起发现和梳理这几本经典"历险"书在主题、结构、人物形象等方面的异同，以及对后世创作带来的深远影响。同时链接了经典电影的相关片段，还推荐了相关评论片段，在学生眼前打开了一个开阔丰富、多维立体的文学阅读与品评的审美世界。

我听着这样的课，思索着它的教育价值，以及它对学生知识视野、精神世界、审美情趣等多方面的深远影响，心中充满感喟。这些课堂的魅力其实就是这些教师的魅力，他们在学生面前展现了如此丰富、美好的精神世界。而我无比喜爱这样的课堂，敬佩这样的教师。

帮助教师成为驾驭课堂的高手

经常有教师朋友问我，我的某节"成功"的课是怎么备出来的，备课有什么"诀窍"，等等，每次我都很难说清楚。如果一定要说有什么"诀窍"的话，可能就是要为课堂实施预设多种可能。也就是说，教师在备课过程中要考虑课堂实施和学生的知识背景、思维规律等各种要素，预设课堂实施进程中的各种变化与可能性，并据此寻找能够应对各种变化和可能性的有效策略。一句话，备课就是预备各种可能。

但是，观察现在许多"成功"的课堂，可以发现教师备课基本只呈现一个单向的维度，也就是说，教师在备课时往往只考虑一种可能。我们观摩一些公开课，发现那些经过精心准备、反复打磨之后的课堂其实问题也非常明显。在我看来，那些课最大的问题是缺少变化，缺少不确定性，一切皆在教师的预设与掌控之中。细细思索，出现这种问题的根源还是在于备课——为了"求稳"，或者教师还不够自信，所以在备课时只呈现一种可能。

为了达到预期效果，教师就必然通过预设非常精细的问题和环节来开展课堂教学。这样一来，虽然课堂上不会出现意外情况，但学生思考的空间大大缩小了。这样备课无疑既框住了学生，又框住了教师。仔细想来，许多教师的课，尤其是那些普遍受到好评的课，往往离不开课前充分而精致的教学预设，它们基本上都是比较"安全"的，都是在教师的掌控之中的。也就是说，没有预设各种变化和可能性成为这些课堂取得"成功"的主要因素。但恰恰是因为缺少了变化和多种可能，课堂就缺少了只有真正的挑战才能带来的真正的精彩。看似无懈可击的课堂，恰恰隐藏了课堂的最大问题：这样的课堂更多的是完美的控制，是知识的单向传递，而没有给学生更多的思考空间，教师只是把现成的真理（知识）从口袋里拿出来双手奉送给了学生。在这样的课堂上，学生难免成为只会服从命令的布偶，而逐渐丧失主动探究的意识和能力，教师则变成了循规蹈矩、步步为营的导演和指挥。

就是这样，在许多"成功"的课堂上，我们在欣赏教师的完美表演和精致的教学设计之余，很难看到产生于学生内部的思维奇迹，很难看到高质量的教学对话。这样的教学基本上顺风顺水，几乎没有任何困难，学生也没有任何问题。而这恰恰是"成功"的课堂的最大问题。

苏霍姆林斯基认为，教师真正的教育技巧和教学艺术就在于在必要时能够改变课堂教案；一名优秀教师能够感觉出一节课的进展逻辑，并根据这个逻辑改变教案，使其服从于学生的思维规律。他同时强调，真正能够驾驭教育过程的高手，是用学生的眼光来读教科书的。因此，教案并不是不可以改变，教师要善于修正教案，必要时甚至可以完全改变教案。那么，这是否意味着我们就可以不尊重教案呢？恰恰相反，这其实对教师备课时设计教案提出了更高的要求。

所谓教育上的创造性，绝不意味着教育过程是不可捉摸、服从于灵感和不可预见的，恰恰相反，教师只有精确地预见并且研究过许多教育过程的事实和规律的相互关系，才能成为真正的教学能手，才能当机立断地改变原订方案。[1]

精确地预见和研究这些教育事实和规律的复杂关系，是教师在备课

---

[1] 苏霍姆林斯基.和青年校长的谈话 [M].赵玮，等译.北京：教育科学出版社，2009：264.

时应该多加考虑的问题。这些事实和规律涉及方方面面，包括儿童的思维发展规律，某门学科的知识体系，学生的认知起点，班级学生集体的学习习惯及学习困难学生的数量等，这些都是在备课时要考虑的因素。许多时候，尽管我们已经做了充分准备，但在具体实施的过程中，还是会发现已有的教案不可能穷尽所有可能性，因为课堂实在是一个千变万化的地方。教师必须根据课堂实际情况及时做出调整，包括教学内容、提问方式、学习方法、课堂节奏、教学时间等，有时这种调整甚至会比较大。这就要求教师在备课时要针对具体内容设计多种教学方案，考虑多种教学策略，从而游刃有余地应对课堂实施过程中的各种情况。比如，从教学时间来看，就会出现这样的情况：本来用一节课可以解决的问题，却需要用两节课，甚至更多节课；或者正好相反，本来设想用一节课解决的问题，其实只用半节课就够了。又如，从课堂节奏来看，则要根据学生现场的理解情况，在必要时进行适当的调整。课堂总是充满不确定性。而想要在课堂有限的时间内及时做出调整，则在很大程度上取决于教师备课是否足够充分，是否预设了多种可能。

我经常跟教师一起设计某节课的教案，之后我去听课时会注意观察课堂上学生的表现，判断备课时的一些设想是否达到预期，也对教师的课堂语言、调控能力等进行观察和思考。有一种情况非常常见，那就是同一个教案在不同的班级使用效果很不相同。经过分析和反思，教师就会明白，学生已有的学习习惯、知识背景，以及班级学生差异、教材特点、教师的视野和知识结构等，以至于课堂现场某个学生的发言，都会影响课堂教学的效果，对没有经验的教师来说，甚至会影响整节课的走向。

小冯是个教龄不到三年的青年教师，她要在学校举办的教研活动中上一节公开课。她认真做了准备，教案设计了好几稿，也在不同的班级进行了好几次试教。我观摩了其中的一节试教课，也借阅了她的教案设计稿，提出了几点建议：要关注学生的学习起点，以此来预设教学难点，并设计相应的教学策略；同时，关注教材的特点和本单元学习要素，以此来确定教学重点和教学方法。看到小冯困惑的神情，我们进行了更为细致的讨论。比如，这是一篇文言文，入选教材的文言文都是经典文本，蕴含着丰富的历史文化和人生智慧，阅读一定数量的经典文言文就是对中华优秀传统文化的认识与传承。而文言文对儿童来说，属于接触较少的语言材料，因此，对文言文的理解和特殊用词、表达句式的学习就成为学习难点。就学习方法来说，有联系上下文、借助注释和词典、结合生活体验、多种形式的诵读等，在教学中都要关注，我们要教给学生阅读文言文的基本方法，以逐渐实现学生能自主阅读文言文的目标。我们还探讨了一些具体的教学细节，如，这篇文言文中频繁出现的"之"字，都是什么用法，有哪些不同含义？而小冯现有的教案并没有关注这个语言现象，或者她本身也没有仔细揣摩并梳理过。那么，为什么要重点学习"之"字呢？因为这是文言文中最常见、最重要的词汇之一，如果学生能够掌握"之"的不同用法和含义，就能扫除阅读文言文的一些障碍。又如，文章中提到了"射箭"，但现有的设计局限于理解句意，没有拓展和延伸，这种学习方式让文言文阅读变得枯燥干瘪，不能调动学生的兴趣，激发学生思考。而"射"是古代"六艺"之一——古代"六艺"包括"礼""乐""射""御""书""数"。用今天的眼光来看，这些都可以对应到目前学校正在开设的某些学科，我们可以引导学生去联系和讨论。虽然随着时代的变迁，人们学习的内容有了变化，但通过了解这些传统技能和知识，可以培养学生发展的眼光，以及对中华灿烂文化的兴趣和热爱，这是设计这个教学环节的意义。后来，小冯老师结合这些讨论，重新设计了几个重要的教学环节，由于准备充分，考虑了不同的维度和视角，课堂变得丰富开阔，并且充满情趣。经过这次教学打磨，小冯对备课有了更加深入的认识。

当然，无论多么优秀的教师，都不可能对课堂上所有的细节做出准确的预设，他必须在课堂现场根据具体情况及时做出判断与调整，也就是采用最合适的方法进行教学，表现出教师高超的教学智慧与技巧。好的课堂不仅仅是对学生的召唤与吸引，更应是对学生的解放与激发，激发学生自由地驰骋于无边的思维世界；课堂不是一个禁锢与控制学生的场所，教师要帮助学生发掘自己的潜能，促进每一个学生发展。对正在成长中的教师来说，要登上教学艺术的高峰就要经历一个复杂而漫长的过程。它需要积累，也需要反思；需要提炼，也需要智慧；需要胆量，也需要机遇。

让"难教儿童"获得成功

　　每年一年级新生入学报名阶段，我校都会专门调配经验丰富的优秀教师组成团队，编写、制定一整套测评话题和项目，涉及学生的观察能力、想象能力、计算能力、语言表达能力、阅读能力、身体协调能力等多个方面，再辅以与家长的交流漫谈，目的是从多方面了解学生的发展情况和家庭教育环境。遗憾的是，几乎每年我们都会遇到一些难教儿童，有的孩子还不具备这个年龄段应有的语言表达能力和观察能力，智力发育迟缓；有的孩子具有比较明显的神经发育障碍与注意力障碍；有的孩子个性孤僻，沉默不语；还有的孩子性情暴躁，大喊大叫，无法自控……每次遇到这样的孩子，我和老师们都会感到心情沉重，我们预感到即将到来的小学生活对这些孩子来说会非常艰难，学校老师也将面临极大的挑战，我们将在这些孩子身上花费巨大的精力。而这些孩子的家长也将面对新的困难，如何跟老师一起帮助孩子在小学阶段改进和发展自己，家长能够做些什么，等等。同时，作为老师，我们还有另一种担忧，那就是我们能否得到家长的支持和信任——我们以往遇到过一些不肯、不愿接受和承认孩子属于难教儿童的家长，在这种情况下，学校就要花费额外的精力去做家长的工作。

　　尽管如此，我们依然有一种坚定的信念，那就是不放弃任何一个"难教儿童"。我们在阅读苏霍姆林斯基的《给教师的建议》时，都曾被苏霍姆林斯基不遗余力地帮助"难教儿童"的故事深深感动。我们要始终相信每个孩子身上都蕴藏着无限的可能，也许我们做了很多努力却似乎没有明显的效果，但这就是我们帮助"难教儿童"的必经之路，是努力探索和尝试的一部分。在苏霍姆林斯基的教育体系中，关于"难教儿童"的教育是其人道主义精神的重要体现，也是感人至深的一部分，许多案例都发人深省，展现了一位伟大的教育家、真正把心灵献给孩子的校长和老师富有智慧的一面，更体现了他心中充满爱和慈悲。由于苏霍姆林斯基著作中的这些经典案例具有借鉴价值，我们结合学校的实际情况，千方百计地创造条件，将其经验和做法运用到帮助"难教儿童"的教育实践中。

通过推动儿童阅读开启"难教儿童"的智慧

苏霍姆林斯基凭借多年的教育教学经验，发现了阅读与学习困难学生之间的关系。他认为，阅读是对学习困难学生进行智育的重要手段。帮助一个学生提高学业成绩，不能靠补课，也不能靠没完没了的"拉一把"，而要靠阅读，阅读，再阅读。正是阅读在学习困难学生的脑力劳动中起着决定性的作用。他认为，由阅读引起的精神振奋的状态，是一个强大的杠杆，借助它能把大块的知识高举起来。我深以为然。阅读会让学生看到他们所生活的世界之中万物之间的复杂联系，并由此逐渐学会认识自己、认识他人、认识世界，智慧之门由此开启。因此，我在与学校老师一起讨论如何帮助那些学习困难学生的时候，我们逐渐达成共识：帮助这些学习困难学生，不能靠补课，更不能布置大量作业让学生回家去做，而要强调让这些孩子大量地阅读。可以先从感兴趣的书籍入手，再逐步阅读那些有助于开启学生智慧的好书。不仅是利用在学校的一些时间进行阅读，还要求家长参与进来，给孩子提供阅读的基本条件。总之，我们认为越是学习困难的学生越需要阅读。

正是基于这样的共识，我们决定将儿童阅读活动课程化，构建了一整套儿童阅读课程体系，将绘本阅读和主题群书阅读作为课程的重要内容，让阅读成为校园生活的一部分。几年来，儿童阅读课程内容不断更新迭代，针对不同年龄段的儿童阅读书单也经过了层层筛选和不断完善。我们发现，阅读开启了学生的智慧，发展了学生的思维，阅读能力得到提升的学生，其学业成绩也得到了提高，尤其到了高年级，这种效果就更加明显。

在活动和劳动中发现"难教儿童"的才能，使其获得成功的体验

苏霍姆林斯基非常重视建立各种课外活动小组，将学生吸引到这些小组中来，让他们在创造性劳动中发现自己的潜能，找到自己的兴趣，并获得成功的体验。有些学生可能在学科学习中遇到很大的困难，他们思维迟钝，无法解决任何一道应用题，但进入某个课外活动小组后，他们在自己感兴趣的工作中入了迷，废寝忘食，不知疲倦。如果进入这样的状态，他们就是在从事创造性劳动，这是"难教儿童"获得成功的前奏。苏霍姆林斯基曾讲到一位成就斐然的农艺师，他在帕夫雷什中学最初的学习中曾遇到很大的困难，后来一次小小的成功改变了他：他将一根苹果枝成功地嫁接到一株野生的李子树上。正是这样一件小事，让他建立了自信，获得了成功的体验，一个学习困难学生就这样成长为一位当地有名的农艺师。

我校成立了很多不同种类、面向不同年龄段学生的课外活动小组，我们称之为拓展性课程社团，以吸引每个学生都参与到这些社团中。对那些"难教儿童"，老师要求他们一定要参加某个自己喜爱的社团。小健是个智力发育迟缓的孩子，虽然在医生的建议下他缓学一年才入学，但依然在学习中遇到很大的困难。老师和家长经过商量，让小健参加拓展性课程社团。最初，小健参加了石头绘社团——在石头上绘画，几次课程后，老师发现小健不太喜欢。于是，我们又让小健参加了串珠社团——在老师的指导下，学生利用各种颜色的透明玻璃珠，发挥想象

力，亲自动手，创造各种有趣的小物件或小动物。这次，小健表现出明显的兴趣，上了几节课后，他成功制作了一条非常漂亮的彩色"小狗"。我们征求小健的同意，将这条"小狗"展示在学校一个醒目的位置（这个位置专门用来展示一些学生的优秀作品），并且在升旗仪式上当着全校师生的面，我给小健颁发了奖状和入选展示的证书。接过证书时，老师给他拍照留念，镜头里的小健笑得非常开心，那是我第一次在他脸上看到如此灵动的表情，第一次看到他眼里闪着光，这让我非常欣慰。我相信对小健来说，这是一个起点，也是一个标志，他认识到自己也可以在学习中取得成就，终于相信自己不是什么都不行。

采用个别施教的方式帮助"难教儿童"

苏霍姆林斯基强调：

> "难教儿童"是一个复杂的概念。每一个难教儿童都具有自己特殊的、跟其他儿童不一样的个性，就是说，他们有各自的特点，有各自偏离常规的情况和原因以及各自受教育的经历。[1]

每个"难教儿童"都是不同的，这就决定了对他们的帮助不能用同一种方式。如果说每个儿童背后都是一个世界，那么这些"难教儿童"的背后则是更为复杂的世界。因材施教、个别对待，是帮助"难教儿童"的基本常识。苏霍姆林斯基著作中大量关于"难教儿童"的案例，都是因材施教的典范。比如，针对"难教儿童"费佳，他专门编写了一本故事习题集——《给思想不集中的儿童的习题集》，还单独为他配备了一

---

[1] 苏霍姆林斯基.和青年校长的谈话[M].赵玮，等译.北京：教育科学出版社，2009：137.

套图书，以训练他的智力和注意力。为训练一年级学生的思维，他运用学生喜欢的"谜语应用题"，题目中有容易引起学生兴趣的山羊、白菜和狼。又如，为了教育一个懒惰的、对一切都漠不关心的少年伊戈尔，苏霍姆林斯基拉着他的手一起参加劳动。而对一个男孩科利亚的教育更是复杂艰难，因为成长环境、以往所受教育等一些非常复杂的因素，科利亚十分孤僻、凶狠，不信任任何人。为了教育科利亚，苏霍姆林斯基连续多次去科利亚生活的村庄走访，以便更全面地了解科利亚的生活环境，并与老师们一起讨论如何帮助和教育科利亚。在帕夫雷什中学，如果老师发现有的学生对什么都冷漠，对什么都不感兴趣，就会考虑让这个学生去接近一位教师或高年级同学，对这些学生的个别施教就是从此做起的。苏霍姆林斯基对每个难教学生的教育，都展现出他极大的耐心、爱心与智慧。他认为一定要使每个学生的力量和可能性发挥出来，使他享受到脑力劳动中成功的乐趣，因此应当采取个别对待的态度，这是教育技巧，也是教育艺术。

我校对"难教儿童"的教育，除了随班就读之外也尽可能采取个别施教的方式。小菲是个 8 岁女孩，因为父母离异、母亲精神失常等，她过着动荡的生活，学业情况和心理状态都不太好，后来在街道、社区的帮助下，她的生活才逐渐稳定下来。我们会同街道、社区商讨了一系列围绕小菲的教育措施，并委派经验丰富的周老师帮助小菲。在学校就读一个月后，我到小菲所在教室，小菲看到我，马上跑了过来，开心地让我看她漂亮的文具，还拿出自己的画让我欣赏。周老师向我介绍小菲的学业情况及心理状态，也提出了一些后续帮助小菲的措施。我们都很欣慰，不仅看到了小菲在学业上的进步，而且感受到她逐渐变得快乐和开朗。

我们为每个"难教儿童"建立了专门的个人成长档案，对他们的具体情况做了记载和研究，采取了有针对性的教育策略。由于各种复杂的原因，近年来学生中出现心理问题的越来越多，心理问题会让他们成为

"难教儿童"。针对这种情况，我们为每个学生建立了心理健康档案，定期做心理健康筛查，对筛查结果进行分析和研判，并采取帮助措施；同时，学校的心理健康咨询室每天都开放，有专业的心理老师对有需求的学生进行帮助。

始终呵护"难教儿童"的学习热情和成长愿望

苏霍姆林斯基主张不要给"难教儿童"打不及格的分数，因为在学生看来，记分册是一种吓人的东西，学生把它看成一条鞭子，教师会借助父母的手去使用这根鞭子。对待那些给学生打不及格分数的教师，他的态度几乎是激愤的：

> 只有像监工那样有着一颗冷酷无情的心的人，他才会在给小学生打两分的时候，心里希望不懂教育学的家长对孩子采取粗暴的惩罚办法。我建议你，年轻的朋友：要像爱护最宝贵的财富一样爱护儿童对你的信任这朵娇嫩的花儿。它是很容易被摧折，被晒枯，被不信任的毒药摧残致死的。[1]

一个不及格的分数在儿童心中会成为一种苦难，会摧毁他的自信和对教师的信任。苏霍姆林斯基从来不给学生打不及格的分数，当学生在学业上没有达到要求时，他就采取暂缓评分的方法，当学生没有获得分数时，家长和学生都知道他还可以继续努力，一旦他到达了一定的目标，他就可以得到理想的分数。这会激励学生心中保持努力学习的愿望，就像有一扇门始终在前方打开着，也像有一个声音始终在前方热切

---

[1] 苏霍姆林斯基. 给教师的建议（全一册）[M]. 杜殿坤，编译. 2版. 北京：教育科学出版社，1984：316.

地召唤，学生就朝着这扇门、这个声音努力走去。不要让任何一个学生感到他在智力发展上是不行的，在学习上是注定要落伍的，是苏霍姆林斯基的座右铭。一旦学生心中熄灭了自信、自尊和努力学习的愿望的火花，任凭教师的教育技巧再高明也无济于事。

为了避免家长和老师、学生过度关注分数，我校坚持使用等级制进行学生评价，也从不根据分数给学生排名。有些家长非常关心孩子的学习情况，想了解孩子的分数和在班级中的名次，我们在每个学生的学期评价报告单中都采用等级制评定方式，对学习困难学生则采用"待评"的方式，鼓励学生继续努力，从而获得合格的成绩。这样做是希望能够呵护学生心中努力学习的愿望，不让不及格的分数成为学生和家长共同的苦难。

在大自然中对"难教儿童"进行思维训练

苏霍姆林斯基开设了"蓝天下的学校"，又被学生称为"快乐学校"。他一次又一次带领学生来到大自然，他们观察清晨草叶上的露珠，欣赏天边的朝霞，聆听昆虫和鸟儿在森林中的歌唱，他把这称为"词的源泉"，认为被感知的形象的情感色彩在识记中起着极为重要的作用；他们在碧蓝的湖水里游泳，在积雪的森林里驾驶雪橇，骑着马儿去驮食物；他们观望着飘着蓝色雾霭的远山，朗诵普希金和屠格涅夫的诗歌与散文；在早春二月，他把学生带到有积雪的果园里，仔细观察周围的事物，寻找春天已经快要来到的最初的标志；他们无数次用美妙的词汇描写眼前的景物，写下脑海中编织的童话，也思索宇宙万物在季节变换、时间流转中的变化和运转的逻辑……苏霍姆林斯基把这称为"思维课"。他用多年的教育教学实践告诉老师们，一定要把学生带到大自然中去，在大自然中开启儿童的智慧，唤起沉睡的思维，尤其对"难教儿童"，不能将这些学生封闭在教室里进行补课，不能增加作业量，因为这样做将严重损害学生的健康，也严重损害学生对学习的兴趣。

虽然不是所有学校都具备这些自然条件，但这种教育理念却值得高度重视。每逢周末和假期，我们在《给家长的一封信中》都会发出倡议，请家长带领孩子到大自然中去活动、旅行，同时会精心策划一些必须在大自然中才能完成的项目式学习任务，比如研究家乡的湿地，研究家乡秋天成熟的柿子，研究初夏时节浙江不同地域出产的杨梅，走进良渚遗址公园，研究大运河的水质和生物变化……这些课题看上去很"大"，但我们希望学生能走进大自然，通过绘画、文字、小报、微视频、照片等不同形式来记录、展示自己的研究成果。小舒、小哲和晨晨完成的科学研究报告《以野生蟾蜍为例探究城市化进程对野生动物的影响》便是其中的一例。在考察完良渚遗址公园后，学生完成了一系列关于良渚文化的研究报告：良渚先民的住宅，良渚先民的衣服，良渚先民的水利灌溉技术，良渚先民的玉石文化，等等。这些报告形式多样，内容丰富翔实，令人惊叹。在这些活动中，那些"难教儿童"也都参与其中，对开阔视野、开启智慧、提升思维水平，都有很大的作用。

对"难教儿童"的教育需要教师有爱心、耐心和长远的眼光

一粒种子今天被播种进土壤，不是明天就可以发芽的。对"难教儿童"的教育也是如此。我们今天采取的一些教育教学举措，在大多数时候并不能立竿见影，往往需要很久才能看到效果。教育特别需要长远的眼光，对"难教儿童"的教育尤其如此。苏霍姆林斯基批判一些学校教育教学举措不成系统，没有明确目的，没有长远眼光。真正的教师应该本着"一天从一堆沙土中淘出一粒金子，一千天就能淘出一千粒金子"的精神，去帮助"难教儿童"。这当然需要极大的耐心、爱心与智慧。由于"难教儿童"的情况十分复杂，教师能够做到这些自然是非常不容易的，苏霍姆林斯基这样提醒并鼓励教师：

但愿你循序而进，持之以恒，同时要有耐心（能够忍受学习困难的儿童那种迟迟不肯开窍的局面），那可以称之为豁然开朗的时刻必定能够到来。[1]

是的，儿童的心灵是如此娇嫩、敏感，我们必须加倍小心呵护。对"难教儿童"而言，也许只是一句话、一个手势，就可以让他感受到信任、自尊和快乐，也可能让他霎时陷入无比孤独、冰冷的深渊。因此，对"难教儿童"的教育不是一蹴而就的，也不仅仅需要爱心与教育技巧，而是从整体上对教师提出了很高的要求。

对"难教儿童"的教育，不仅是帕夫雷什中学的教育重点，也是所有学校教育中永远需要重视和攻克的一个堡垒。我校近年来有不少年轻教师入职，这些年轻教师都是从国内重点大学毕业，经过了层层选拔，带着满腔热情和蓬勃朝气走上教师岗位的。在进行教师培训和个别交流时，我都把关于"难教儿童"的教育理念和方法作为重要主题。因为我知道，在今后的教师生涯中，他们会把相当一部分精力放在帮助"难教儿童"上；真正难住他们的，往往不是学科教学本身，而是如何教育"难教儿童"，树立坚定的信念，始终有爱心、耐心和智慧，这一点并不容易做到，也并不是所有年轻教师都能够经得住考验。有的教师面对"难教儿童"，开始时信心满满，根据自己的专业知识实施了许多教育举措，但往往并不奏效，这时他们就开始焦虑、茫然，甚至沮丧。尤其是有些"难教儿童"的家庭有各种比较复杂的问题，这些问题会折射到孩子身上。来自问题家庭的孩子，本身处在比较艰难的境地中，家长有时不但不能提供支持，反而会给学校教育带来很多负能量。因此，教师就更需要极大的爱心、耐心和智慧去帮助这些孩子，同时还得不断地

---

[1] 苏霍姆林斯基. 给教师的建议（全一册）[M]. 杜殿坤，编译. 2 版. 北京：教育科学出版社，1984: 325.

说服自己去与这些家长沟通交流，普及一些教育常识。但说服自己与说服家长一样都不是一件简单的事，这些年轻教师更容易遇到挫折，觉得自己不被信任，得不到尊重。因此，从某种意义上说，这些教师也需要帮助。

不去体罚和羞辱"难教儿童"是教育的底线

苏霍姆林斯基认为，教育中的皮带和拳头是教育工作者的羞愧与耻辱。在现实中，我们遇到的不少"难教儿童"是在家长的棍棒和羞辱中成长起来的，家长严重缺乏教育常识和文化素养，一旦孩子没有达到自己的预期，或者他认为孩子触犯了他作为家长的权威，就会动用拳头和棍棒，或者用挖苦和羞辱的话语责骂孩子。当家长开始用武力去教训孩子时，就意味着家长的无能和家庭教育的失败；当家长开始去羞辱和挖苦孩子时，那些话语本身就会成为利剑插入孩子的心灵，那种尖锐的痛楚将会持续很久。学校教育亦是如此。教师面对"难教儿童"，如果没有足够的爱心、耐心与智慧，又没有得到家长和学校的支持与帮助，可能就会出现这样的情况：在采取了一系列教育措施却并不奏效的情况下，他们往往会沮丧、动摇，迁怒于学生，甚至羞辱、挖苦、体罚学生。这体现了我们作为教师的无能。我并不是说教育是万能的，我也不认可"没有教不好的学生，只有不会教的老师"，更不认可"教育不需要惩戒"。但无论如何，我们都不应该去责骂、羞辱和体罚学生。这样做不但不能帮助我们达到教育目的，反而会伤害学生的人格和自尊，对孩子成长产生负面影响，让"难教儿童"变得更加"难教"。

需要指出的是，面对"难教儿童"，尤其是犯了错的"难教儿童"，苏霍姆林斯基并不完全反对惩罚。但他主张惩罚不应该成为目的，而应该成为一种手段，一种学生可以反思和审视自己的手段。这当然需要教师的智慧，要让学生感受到来自教师的真正的善意，只有这样，它才会起作用。他强烈反对体罚，也一再强调要用真诚的、发自肺腑的话语去跟学生交谈，他认为那种特意挑选一些尖刻的字眼以刺激学生的做法，是缺乏最起码的教育常识的标志。

　　每位教师不妨设想自己处于"难教儿童"的境地：如果我月复一月、年复一年总是感觉到自己比同学落后，不能做到同学能做到的事，那么我的心情将会怎样？我会怎样对待老师？当我们不断地这样追问自己，就会坚定信念：为你千千万万遍，只为你获得成功。

第五辑

不要让口号充斥校园

不要让口号充斥校园

这几年，我不止一次看到这样的新闻报道：学校召开家长会，让每个孩子端一盆洗脚水，跪下来给父母洗脚。接下来几乎都是同样的结局：孩子忽然意识到父母养育子女的辛苦，懂得了感恩；做父母的忽然意识到孩子懂事了、乖巧了、孝顺了，感动万分，于是父母和孩子紧紧拥抱，热泪盈眶……

每次看到这样的所谓感恩教育活动，我都充满愤懑：这是教育吗？这样的教育真的能让学生学会感恩吗？

这当然不是教育，这是作秀。当教育演变成作秀，不管它打着多么美好的旗号，都失去了教育的根本意义，不会具有教育价值。当给父母洗脚不再是家庭生活中发生的真实一幕，而是在公共场合的一场集体展示时，这样的教育不但不会达到目的，反而会起到巨大的反作用：感恩是做给其他人看的，至于孩子内心深处是否真正意识到父母的辛苦则是另外一回事。有时，我们的教育就是这样逐渐把学生培养成了八面玲珑、见机行事、虚伪狡黠的"聪明"人。

我常常想，如果我们能引导学生在父母下班回家的那一刻，微笑着迎上前来，接过父母的包，递上一杯热茶，这也许比组织"我给父母洗洗脚"的集体展示活动要好得多。

苏霍姆林斯基对这种空喊口号的教育十分反感，他认为：

不要只号召讲卫生，而是要去打扫。要少说多做。要给孩子揭

示出人性的世界来——只有在这个条件下，道德真理才会成为每个人的财富。[1]

所谓"给孩子揭示出人性的世界"，我认为就是教给孩子一方面要直面自己的内心，另一方面要能够逐渐学会站在他人的立场，从多个维度去思考问题，看待世界；同时，要从更加具体的事件和劳动中，去体会自己和他人内心深处细腻、真实的情感。假如我们只是满足于提出口号，发出倡议，而没有引导学生采取具体的行动，那么教育就有落空的危险。"只说不做"或"多说少做"还会引发更大的危害，那就是助长学生的虚荣心，让道德和精神教育变成空中的浮云。一旦这些不曾落地的"口号"在校园内刮起旋风，学生会变得"不再相信"，道德教育最基本、最重要的前提就丧失了。

那么，在学校教育中，是不是"口号"就不能提了？回答是否定的。苏霍姆林斯基强调的是不能空谈口号。我们不能让口号只出现在学生的演讲比赛中。同理，我们也不能让感恩父母只停留于"洗脚"的集体展示。我们提出一个口号的同时，更应该给予学生明晰、具体的指导，让学生采取具体的行动，也只有在行动中才能让道德教育落到实处，真正走进每个学生的心灵。

苏霍姆林斯基在他的著作中谈到大量这样的案例，可以给我们带来很多启迪。比如，他和帕夫雷什中学的教师带领学生种下苹果树，栽下葡萄苗，并且培育它们，几年之后，学生将第一批最甜最大的果实拿回家，送给妈妈，也送给村子里的老人；他们一起去森林里捡拾橡树的果实并卖掉，所得的钱都会拿出一部分给自己的父母。我想，所谓感恩父母，所谓家庭责任感，就在这样的行动中成为植根于每个学生心灵深处

---

[1] 苏霍姆林斯基. 和青年校长的谈话 [M]. 赵玮，等译. 北京：教育科学出版社，2009: 181.

的信念，坚定不移。

这些年我参观过不少学校，有些名校在办学理念、教师队伍建设、空间打造等方面都有很多值得我们学习的地方，我从中受益良多。但我发现，有些学校的教育理念很难找到具体的支撑，在表达上给人新鲜感，甚至文采斐然，但鲜见系统化、可操作性强的活动组织。有的学校在空间打造上花了很多心思，每一间教室、每一面墙都经过精美的设计，但仔细观察，会发现这些精美的设计绝大部分都出自专业设计师之手，或者是直接购买各种挂图、挂饰等来装扮。我想，这种校园文化空间打造的意义是有限的。因为在科学教室里挂上"我们爱科学"的标语和科学家的画像，并不能保证学生就会爱上科学，在美术教室里挂上莫奈、凡·高的复制名画，也并不能保证学生就会爱上美术。

我们不妨多让学生参与进来，用自己的智慧、作品来设计、装扮校园，也许会取得更好的效果。我曾经创办过两所新学校，担任过两所学校的首任校长，开学之初，学校的空间尚有不少空白，在空间设计上除了不能动的硬件，我都主张尽可能让师生亲自动手。我们面向所有师生发起了"我的校园我来装扮"活动，征集师生的书画、手工、石绘、拼布等各种作品，然后将这些作品分门别类，按照不同主题安放在合适的位置：楼梯的转角处、教室的外墙上、连廊的柱子上……。更有意思的是，学生挑选最喜欢的绘本中的人物形象和精彩画页，融进自己的想象和创造，然后画下来，让空白的墙面变得五彩缤纷，创意无限。这不但展现了学生阅读的快乐和收获，也突显了学校推动儿童阅读课程的成果特色。这些作品让原本沉寂的校园变得灵动活泼起来，似乎每件作品都闪烁着创造的火花。这些都让学生意识到，当我们用自己的双手和智慧去创造美好的学习、生活环境时，这些被我们亲自装扮的空间就不再仅仅是一个地方，而成为充满温度的、活泼的场所。在每个清晨，学生还没到校，我行走在校园里，穿行在这些作品之间，我的耳畔仿佛响起了学生的笑声，这笑声深深地感染着我，激励着我，帮我开启又一个充满能量与活力的日子。

除了这些显性的层面，在许多理念的培育上，我们都尽可能将理念转化为行动。

比如，我们倡导保护环境的理念，在校内对学生进行环保教育，但怎样让环保的理念深入人心，而不是仅仅停留在悬挂在校园过道里的横幅标语上，也不是仅仅展现在拍摄的环保主题的微视频中？我们觉得应该让学生参与到具体的实践活动中。例如，我们和学生一起商量在校内开展垃圾分类活动，每个班级的阳台上都设置了不同的分类垃圾桶，每幢楼的走廊上也在合适的位置安放了更大规格的不同的分类垃圾桶。教师给学生讲解，生活中的哪些垃圾是易腐垃圾，哪些是可回收物，哪些是其他垃圾，各种分类垃圾桶分别是什么颜色，有哪些标识，告诉学生要将垃圾放入相应类别的垃圾桶中，而不是随意丢弃。我们还和学生一起探讨，这些不同类别的垃圾是怎样处理的，怎样做到无害分解和有效利用等。学生撰写了垃圾分类方面的主题报告，还通过绘画、视频等方式，给学校的物业人员、保安叔叔和保洁阿姨呈现垃圾分类方面的小知识。有趣的是，有几次学生现场给保洁阿姨"上课"，原来是保洁阿姨将打扫的落叶当作"其他垃圾"投放，学生指出这样分类是错误的，因为落叶是"易腐垃圾"……

又如，我们倡导节约粮食的理念，几乎每个学生都会背"锄禾日当午，汗滴禾下土"，但只是在食堂里张贴这些标语就行了吗？我曾看到有的学校食堂硬件条件非常好，空间宽敞明亮，设施非常先进，但用餐结束后，却在学校的泔水桶里发现了上百个完整的馒头、包子，只咬了一口的苹果，还有未曾剥皮的煮鸡蛋……大量被浪费的食物，让墙上张贴的"节约每一粒粮食"的标语充满讽刺意味。这促使我们思考，在校园内，节约粮食的理念应该怎样落到实处。我和老师们认为，光靠张贴标语，或者光靠说教，甚至让值日小干部进行监督扣分，效果都是有限的，因为没有让学生发自内心地认可和理解食物的来之不易，他们也不知道怎样做才是真正践行了节约粮食的理念。经过商量，我们决定充分利用学校的小农场，让学生参与到农场劳动中。每个班级都分到了一小块土地，有的班级还有一块用木栅栏围起来的可移动的种植区，学生在教师和家长的带领下，种下应季的蔬菜、水果和各种花卉。经过数月劳作，到采摘季节，学生在学校的食堂里吃到了亲手种植的蔬菜和水果。同时，我们还将蔬菜和水果、鲜花作为奖品发给学生，让家长也能分享我们的喜悦。针对学生用餐浪费问题，我们测算了每个年龄段学生的基本食量，注意营养搭配均衡，同时兼顾学生的用餐喜好等，精准采购食材，实行"带量食谱"。实施一段时间后，学生基本上实现了"光盘"。学生在劳动中感受到了艰辛，也感受到了劳动带来的收获和幸福，从而学会了珍惜。

不要让学校教育成为"纸做的房子"

新学年开始，周老师担任了一年级班主任和语文老师，她利用暑假期间对班级学生逐个进行了家访。她跟我说起家访的经历和所见所闻，眼神中充满了忧虑。因为她发现她的新学生之中，有半数以上的家庭没有书籍，还有一些学生目测身体素质堪忧……。她提到一个孩子家中最大的房间里摆着麻将桌，虽然她去家访的时间已经与家长事先约好，但当她到达时还是发现家里人声鼎沸——家长和他的朋友们在麻将桌上玩得正欢。家长看到周老师，打了个招呼："老师，您先坐着等我一会儿，我一会儿就把这把牌打完！"周老师只好坐在旁边等着家长。她环顾四周，家里凌乱，桌上杯盘狼藉，烟灰缸里还冒着烟雾，沙发上四处扔着小孩的玩具……。她的学生毛毛正在另一个房间里看电视，房间里还有一个小婴儿，也许是毛毛的弟弟或者妹妹。小婴儿醒了，开始哇哇大哭。周老师走过去跟毛毛打招呼，向她做自我介绍，毛毛的视线从电视转向周老师，只短暂的一瞥就闪开了。那天，周老师向家长了解了一些家庭教育状况，以及毛毛的一些情况，同时向家长介绍了学校的一些情况和开学前的准备工作。周老师了解到，毛毛的家庭属于本地拆迁户，由于国家的拆迁政策得到了经济补偿和房屋补偿，因此家中经济条件较富裕；但毛毛父母的文化素养不高，爷爷奶奶都不识字，父母都没有外出工作，他们说"只靠每月的房租就够一家人用了"。家访结束告别时，毛毛父母的一句话令周老师印象深刻："周老师，毛毛只要开心就行，我们不指望她将来工作养家，学习好坏无所谓！"听了周老师的讲述，我跟周老师一样心里沉甸甸的。我们都预感到，对毛毛的教育，会遇到很多困难。这不是毛毛本身的问题，不良的家庭教育将会给即将到来的学校教育带来很多障碍，教师需要在她身上投入更多精力和时间，但不一定能取得理想的效果。

我在家长学校与家长交流时，曾经提出"给家长的十条建议"：

1. 请您相信，世界上绝大多数孩子都是普通孩子。

2. 请您理解，您作为孩子的父母，肩上的教育的担子与老师的一样沉重。

3. 请您尽您所能，给孩子提供良好的家庭生活环境。

4. 请您思考，您是什么样的人，您的孩子就是什么样的人。

5. 请您与老师一起教育孩子，从小培养孩子的规则意识。

6. 良好的家校关系的关键在于互相尊重、互相理解和互相体谅。

7. 请通过合适的渠道与恰当的方式去表达您的建议和诉求。

8. 请您支持学校的教育教学举措，如果能提供帮助更好。

9. 请您明确家长参与学校教育的权利和义务。

10. 请在各种场合传播学校的正能量，帮助打造学校的良好口碑。

我尽可能用通俗、准确的话语去表达，以避免产生歧义。这些建议涉及不同的方面，对儿童的期望值、家长参与学校教育的权利和义务、家庭教育的重要性、家长的榜样作用，等等。其中，我提到家长言行对孩子潜移默化的影响时，我说"您是什么样的人，您的孩子就是什么样的人"，这句话看似有些绝对，但强调了家长的示范作用。一个家庭在晚餐时谈些什么话题，父母对工作和家人、同事的态度，甚至父母打电话的语气、语调、习惯用语等，都会潜移默化地影响孩子。我曾在校园里听到一个小朋友讲了一句粗话，非常难听，我很震惊。当我了解了这个孩子的家庭状况，尤其是我认识了孩子的父母之后，我就一点儿也不觉得意外了——这个孩子的父亲文化素养较低，他的习惯用语中夹杂着很多不文明用词（尽管跟校长和老师交流时他已经尽量克制了），这就是他的孩子说粗话的根源所在。老师给孩子讲解文明用语，告诉他要礼貌待人，不得不在他身上耗费更多的精力和时间，而且要尽量减小他对其他孩子的影响。这就无形中给老师增加了很多工作量，而这就是不良的家庭教育造成的。苏霍姆林斯基曾在家长学校会专门安排一次讲课来谈这个问题：儿童是怎样潜移默化地从长辈那里学习的。

还有些家长认为，把孩子交到学校，自己作为父母的教育任务就完成了，孩子的教育就是学校和老师的事情了。其实，在孩子成长的任何阶段，家庭教育都不能缺席，而良好的家庭教育会助力学校教育，让学校教育事半功倍。因此，我在给家长的建议中提出："您作为孩子的父母，肩上的教育的担子与老师的一样沉重。"在帕夫雷什中学的家长学校，不论是学前组、小学组，还是中学组，苏霍姆林斯基及帕夫雷什中学的教师都会专门讲学校教育和家庭教育保持一致的重要性。学校教育中所倡导的一些优良品质，如关心体贴他人、诚恳待人、心地善良等，如果儿童不在家庭里从事实际活动来发展这些品质，如果家长不重视、不支持，甚至带头做一些有违道德的事情，那么学校教育将很难取得显著成效。

关于家庭教育与学校教育保持一致的重要性，苏霍姆林斯基这样说：

教育的效果取决于学校和家庭的教育影响的一致性。如果没有这种一致性，那么学校的教学和教育过程就会像纸做的房子一样倒塌下来。[1]

苏霍姆林斯基坚信，教育学的知识，就像法制知识一样，是所有的社会成员都必须知晓的。正因为认识到家庭教育与学校教育保持一致的重要性，帕夫雷什中学的家长学校开设了丰富多维的家长课程，家长学校的任务就是不断地提高家长们的教育修养水平。否则，就不会有完满的学校教育。

苏霍姆林斯基在各个方面都强调学校教育与家庭教育的一致性，这不仅表现在家长学校的课程中，更体现在他的教育实践中。比如，他强调劳动教育的重要性，不但带领师生在学校周边种植葡萄和苹果，也要求家长这样做。他们跟家长们商量好：每个家庭都要让儿童在指定的隆重的一天栽下一棵树，献给父母或祖父母，然后由儿童照料种下的树。当果树结果时，把第一批水果奉献给长辈。这些都是力求让儿童从小就量力而行地为亲人创造物质的和精神的福利，找到快乐，培养责任感。又如，他强调书籍对学生的重要影响，不仅在校内倡导阅读，让学生喜爱阅读，也让教师通过阅读开启学生的智慧，培养学生高尚的情操和审美意识，他还强调家庭阅读的重要性。他们根据多年的经验，确定了一个家庭应有的最低限度藏书目录，以便供家长和学生阅读。

在具体的教育实践中，我们往往会面临很多挑战。有一天晚上，一位家长给我打电话，他说自己刚刚跟女儿发生了激烈的争吵，原因是他不想让女儿参加学校足球队，认为会耽误学习，因为现在她的学习成绩不那么优秀，而女儿非常喜欢足球，一定要参加学校足球队！父女俩互不相让，于是爆发了家庭大战。这位无奈的父亲给我打电话，提出两点要求：一是希望我这个校长亲自找小姑娘谈话，以不耽误学习为由，让

[1] 苏霍姆林斯基.给教师的建议（全一册）[M].杜殿坤，编译.2版.北京：教育科学出版社，1984：526.

小姑娘放弃参加学校足球队；二是让学校规定，不允许一、二年级学生参加足球队，尤其是不允许女孩参加足球队……。听到家长的要求，我在震惊、感叹之余，再一次深深感受到学校教育和家庭教育保持一致的重要性与艰巨性。当然，具体到这件事上，我做了很多说服工作，最终，小女孩如愿加入了学校足球队，成为学校足球队后备人员之一。

另外需要注意的是，教师在做家长工作时有许多需要注意的细节。苏霍姆林斯基强调，要始终尊重家庭关系的含蓄性，不能把家庭生活和儿童的心灵"兜底翻出来"，有些问题只可以在个别谈话时涉及。这就需要教师具有高度的机智和敏感，以及真挚的爱与智慧。同时，为了保持教师集体跟家长集体的经常联系，他们把那些非常积极的、有较高教育修养的和生活经验丰富的家长吸收进校务委员会，让他们参与决定学校的一些教育问题。我发现，让家长真正参与学校管理，能帮助学校逐渐形成透明的管理机制，进一步规范学校的办学行为，并能督促教师不断提升自己的执教能力，从而带动学校教育教学质量的提高。这可能比制定生硬的规章制度、单纯地向教师发出行政指令更有效果。

让教育学成为众人的科学

2013 年暑假，我完成了职业生涯中的一个重大转变：从教研员变成了校长。

许多朋友替我惋惜，觉得我放弃了"业务"，放弃了"学术"，走上了"行政"这条路。我知道他们所指的"业务""学术"主要指的是语文教学研究。其实，在我看来，选择学校，选择教育一线，是一件非常自然的事情——真正的教育家应该是诞生在学校的。苏霍姆林斯基不也辞去教育局局长职务，来到帕夫雷什中学做校长吗？做校长，回到真实的教育现场，在我看来，这也许是更有意义、更有针对性的"业务"和"学术"。

当然，挑战肯定是巨大的。当校长之后的很长时间，我经常辗转反侧，但依旧感到一片茫然。我想到了苏霍姆林斯基，想到了他在帕夫雷什中学的那些做法和经验，觉得难以复制——毕竟，我所在的学校，所处的教育环境，与帕夫雷什中学有很多不同。这时，学校里发生的一件事，让我找到了校长工作的突破口。

学期末的一天，杨老师找到我，说起他近期面临的一个麻烦：班里学生小宋平时成绩不错，但在刚刚结束的期末考试中语文成绩不太理想，其中作文部分评价结果为"良好"。家长找到杨老师，希望能把"良好"改成"优秀"，家长的理由是孩子面临小学毕业，"优秀"的评价对孩子很重要，对孩子将来升入理想的初中有很大帮助，而现在因为有了一个"良好"，孩子就有可能升不上理想的初中，那么一个"良好"就可能断送孩子的一生。听完杨老师的转述，我非常吃惊，也很费解，为家长提出这样的要求而难过。杨老师知道小宋的成绩是由学校骨干教师组成的评卷组做出的评定，对学生的作文，是用同一把尺子来衡量的，但家长的要求让他心情复杂，既有担忧，又有惋惜。我首先明确表达了我的态度：支持对这个学生的成绩评定，因为这个成绩是建立在公平的基础上，由全校骨干教师组成的评卷组做出的评定，我们不能随意破坏这种公平。一旦我们破坏了这种公平，不但会引起其他家长的不满，而且会给当事学生小宋带来很大的影响——当然不是什么正面影响，而是让他从小就感到可以通过不诚实的手段达到某种个人目的。同时，我也深深感到家长的个人素养、道德品质会对学生产生深刻影响。就在这一刻，我豁然开朗，终于找到了校长工作的突破口，那就是家长工作。——苏霍姆林斯基不也多次强调家长工作的重要性吗？

于是，我决定打造"家校联盟"，开办家长学校，构建家长课程。有些朋友不理解我为什么不首先去抓教师队伍、课堂教学，不优先去做一些能够让学校看起来马上"焕然一新"的项目，反而去做"家校联盟"这种十分繁难又很可能费力不讨好的事情。其实，我并非没有认识到教师队伍建设的重要性，也绝非不想让课堂教学更加高效，也不是不知道"家校联盟"可能会让学校面临巨大的挑战。但我觉得家长有权利了解孩子在学校的生活，有权利知道孩子在学校接受的是什么样的教育；更重要的是，教育不是学校单方面的事情，家长、社会等同样有责任。这些年我研究苏霍姆林斯基的教育思想，对苏霍姆林斯基关于家校合作的教育思想深感认同。他说，教育学应当成为一门众人的科学——不论是教师还是家长，都应该懂得教育学。作为一位伟大的教育家，苏霍姆林斯基凭借对教育高度的洞察力和对儿童成长规律的深切理解，看到了家庭教育、社会教育在儿童成长中的重要性，十分重视将学校教育和家庭教育、社会教育结合起来，尤其强调家庭教育对儿童成长的重要影响。为此，他提出了十分精辟的见解：

教育现象的相互联系在我们今天变得更加复杂了：生活向学校所提出的任务是如此复杂，以致如果没有整个社会首先是家庭的高度的教育学素养，那么不管教师付出多大的努力，都收不到完满的效果。学校里的一切问题都会在家庭里折射地反映出来，而学校的复杂的教育过程中产生的一切困难的根源也都可以追溯到家庭。[1]

也就是说，家庭教育对一个人的成长起着举足轻重的作用，从某种程度上说，学校教育是否成功，与家庭教育有着密切的关系。一个人的全面发展取决于母亲和父亲在儿童面前是怎样的人，取决于儿童从父母的榜样中怎样认识人与人之间的关系和社会环境。换句话说，父母是怎样的人，儿童可能就是怎样的人；父母有着怎样的人际关系，儿童也会受其影响。想偷偷给孩子改成绩的小宋家长如果本身是诚实的人，可能就不会提出这样的非分要求。因此，我觉得开办家长学校，构建家长课程，让家长懂得一些教育学、心理学、营养学等与孩子成长紧密相关的知识，提升家长的道德修养，丰富家长的精神世界，是学校义不容辞的责任。

苏霍姆林斯基和帕夫雷什中学的教师都深信如果没有家长的协助，教师不仅无法研究儿童，而且什么事都做不成。这成为他们创办家长学校的重要基础。我们在《帕夫雷什中学 1970—1971 学年工作计划》中可以看到，帕夫雷什中学的家长学校设有学前组，一、二年级组，三、四年级组，五至七年级组，八至十年级组。每组每月活动两次。主要的活动形式是由校长、教导主任和最有经验的教师进行讲课或谈话，涉及生理发育、思维发展、儿童心理、饮食制度、青少年性教育、阅读教育、劳动教育、道德与责任感教育等内容。家长学校的心理学和教育学

---

[1] 苏霍姆林斯基. 给教师的建议（全一册）[M]. 杜殿坤，编译. 2 版. 北京：教育科学出版社，1984：397.

课程共计 250 学时。应该说，这是一个非常惊人的数字。

也许有人会问，在家长学校上花费如此多的时间和精力，真的值得吗？苏霍姆林斯基经过多年的教育实践证明，这样做不但是值得的、必要的，而且是顺利开展学校工作的基本前提。因此，我们应该努力使每位家长都能掌握最低限度的教育学知识。只有这样，学校教育才有成功的基础。

> 全体教师都认为，在所有的工作中，这是一项最必要和最重要的工作。如果我们不做家长的工作，我们就会一事无成。[1]

是的，家长学校的价值就在于它是教育不可或缺的一部分，是教育成功的基石。帕夫雷什中学的家长学校设有学前组，孩子们还没有进入小学，他们的家长就已经来到家长学校听课了。苏霍姆林斯基认为：

> 父母、亲属是儿童的最早的教育者；正是在学龄前的几年间，也就是在儿童接受教师的影响开始以前很久，就在他的身上种下了人的一些基本特征的根子。[2]

这种长远的眼光和开阔的教育视野，源于苏霍姆林斯基对教育本质的全面把握，对儿童发展基本规律的深刻洞察。当我看到家长学校学前组的课程内容时，不由得联想到了当下我们所做的"幼小衔接"——幼儿园和小学的衔接，我们又"衔接"了什么呢？我们当然也做了很多有益的探索，我所在的学校还成为"幼小衔接"示范学校，我本人也多次

---

[1] 苏霍姆林斯基. 和青年校长的谈话 [M]. 赵玮，等译. 北京：教育科学出版社，2009：58.
[2] 苏霍姆林斯基. 给教师的建议（全一册）[M]. 杜殿坤，编译. 2 版. 北京：教育科学出版社，1984：526.

给幼儿园小朋友的家长讲过亲子共读，但我们仔细看帕夫雷什中学家长学校学前组的课程内容后，就会觉得在开办家长学校方面，我们的做法确实还处在初级阶段。

但我们还是要坚定地付诸实践。我任职过的几所学校都开办了家长学校，我们与家长一起，开始了家长课程的构建之路——

针对一、二年级学生的身心发育特点，我们开设了儿童保健课程，讲授这门课程的是我们的学生家长，她是一所著名医科大学儿科学系的硕士研究生，也是一位儿科主任医师。针对三、四年级学生的心理发育特征，我们开设了儿童心理课程，讲授这门课程的也是学生家长，她拥有心理学硕士学位，同时是两个孩子的妈妈。针对五、六年级学生的家长，我们开设了中小学衔接适应课程，从家庭教育的角度教给家长一些知识，讲授这门课程的同样是学生家长，他同时是一位中学教师。针对当下体重超标儿童较多的现象，我们开设了专门的饮食营养课程，邀请了专门研究儿童生长发育和饮食营养的专家，给家长讲述如何帮助孩子进行锻炼和饮食调节，从而既不影响孩子的生长发育，又能够在保证营养均衡的前提下有效地控制孩子的体重。有一个场景让我印象深刻——一位家长听说一瓶含糖饮料就足以抵消孩子一小时的高强度体育锻炼后，痛下决心："以后再也不给孩子喝各种甜饮料了！"

除此之外，我们还开设了儿童智慧开启课程、儿童习惯培养课程、亲子阅读课程，等等。这些课程有一个共同点：面向家长，千方百计地吸引家长参与其中，有的家长直接担任讲师，有的家长参与课程管理。我希望通过这样的课程学习，让每位家长都认识到，教育不是学校单方面的事情，从家长把孩子交给学校的那一天起，家长肩上的担子和教师肩上的担子一样沉重，家长和教师必须携起手来，陪孩子一起往前走。

劳动中的精神与道德教育

　　为了引导学生珍惜粮食，同时为了尽量减少垃圾，我们号召学生在用餐时践行"光盘行动"。但实施一段时间后，效果并不明显：还是有学生随意把不爱吃的食物丢弃，学校每天的垃圾量也没有减少。这让我们意识到，要让学生学会珍惜他人的劳动，单纯发出号召，或设置一些奖罚措施，并不能产生好的效果。只有让珍惜粮食的理念深入学生的内心，成为他们自我意识的一部分，才能产生效果。

　　那么，怎样才能培养学生的自我意识，让学生进行自我教育呢？

　　在苏霍姆林斯基宏大的教育体系中，他引导学生进行自我教育的路径与策略是十分丰富而立体的。比如，他强调要依靠书籍的力量，强调以音乐、美术、大自然为基础的"美疗"，强调让学生在各种课外活动小组中找到自己擅长的领域。同时，他也反复强调劳动教育在其中的重要作用。在苏霍姆林斯基的教育理念中，劳动从来不是单纯的体力活动，而是"培养全面和谐发展的人"的必经途径。劳动对学生公民意识的培养，对精神的培育，在道德教育、智力发展、自我意识的觉醒与自我教育中，都具有不可替代的作用。

　　苏霍姆林斯基带领学生在贫瘠的山坡上劳动了好几年，把这片荒芜的山坡变成了葡萄园。当累累的果实挂满枝头时，苏霍姆林斯基又带着学生摘下一串串葡萄，送给村子里的一位老婆婆。老婆婆的几个儿子都在卫国战争中牺牲了。学生给老婆婆送了葡萄后，感到无比的欢乐，他们感受到辛勤的劳动可以带来物质财富，也体会到自己有义务、有责任、有能力用劳动给他人带来幸福。由此，他们还意识到，自己平时所享用的物质财富，也同样是源于他人的劳动。因此，学生不仅懂得了这些东西是从哪里来的，也懂得了应当珍惜他人的劳动成果。在我看来，这就是最初的公民意识的培养。

苏霍姆林斯基举的一个例子给我留下很深的印象：学习困难学生托利亚参加了很多不同的劳动，后来他开始喜爱在车床上进行金属加工，而且入了迷。当他制造的电锯接上小型电动机时，那一天便成了他的节日。也正是从那一天起，他觉得自己原来并不比别人差，世界在他的面前好像忽然变了样，人们也似乎变得可爱了。我想，如果在一个学生的眼中，世界开始变得美丽，人们开始变得可爱，这就是教育最大的成就。

苏霍姆林斯基由此更加坚定了劳动在培养公民自觉性方面的基础性作用：

> 光荣感、自尊感以及由此而体验到的生活的充实感——这是形成公民自觉性的基础，它深深植根于劳动的技巧之中。[1]

所谓光荣感、自尊感以及充实感，要在实实在在的劳动中获得。

我们在校园里开辟了几块土地，尽量做到让每个班都有一片试验田。学生在教师的带领下，开始研究在试验田里种什么。学生从书籍中、网络上、学校园丁爷爷那里了解了一些蔬菜、粮食作物种植的知识，最后选定了要种植的蔬菜和粮食作物。石老师带领本班学生开展劳动，他们一起在校园的菜地里除草和翻地。土地下有一些石块，他们就反复清理，拣出了一堆又一堆小石头，学生乐此不疲，因为他们想在冬至的时候用种出的青菜涮火锅。我在石老师的教育日记里读到了这样的文字：

---

[1] 苏霍姆林斯基. 公民的诞生 [M]. 黄之瑞，张佩珍，姚亦飞，等译 // 蔡汀，王义高，祖晶. 苏霍姆林斯基选集（五卷本）: 第 3 卷. 北京: 教育科学出版社，2001: 835.

我们上学期种植的青菜长得非常茂盛，已经有十几位同学采摘带回家。本学期种植的向日葵也长势喜人，从一粒小小的种子，发芽，长出幼苗，叶子变得越来越大，越来越绿，现在已经绽放两朵花盘，而孩子们也一直见证着生命的成长，感受着生命的成长过程。草莓也已开花，前期成熟的草莓因雨水而坏掉，本周又有了四颗发红的草莓，四个孩子用自己的积分买走，品尝这第一份酸甜。后面，每个孩子都会品尝到我们劳动的果实。

　　一个班的学生利用一个雨后的中午，种下了辣椒和小番茄；另一个班的学生利用周末种下了生菜；还有一个班的学生则种下了小油菜和包心菜……。种子刚播种下去时，学生天天跑到田边看，按照掌握的知识去浇水、施肥，但土地似乎一片寂静，学生着急了，蔬菜什么时候才能长出来呢？真的能种出小番茄和小辣椒吗？我和老师们、家长们都鼓励他们，同时告诉他们各种蔬菜作物的生长知识。高年级学生还利用在科技社团课上学到的知识，制造了简易的温度计和湿度计，自动监测土壤的温度和湿度。一段时间后，生菜开始长大，叶子由嫩绿变成了翠绿；小番茄最初是绿色的，后来渐渐变得青红，再后来变成了美丽的大红色……。学生写了观察日记，制作了许多张蔬菜生长的卡片，这些作品既记录了蔬菜生长的整个过程，也记录了自己的劳动体会。终于到了收获的季节，学生开始采摘蔬菜，一棵棵肥壮的蔬菜装满了大大小小的篮子，学生把蔬菜送到食堂，于是那天中午全校师生都吃到了校园里学生自己种植的新鲜蔬菜。学生似乎从来没有吃过这么鲜美的蔬菜，那天的午餐被大家一扫而光。后来，我们还把蔬菜当作奖品分发给学生，让学生拿回家交给父母，让家人也来品尝我们的劳动成果。那天下午放学时，望着学生兴高采烈地拿着蔬菜走出校园，我的头脑中开始闪现出各种美好的画面：家长高兴地接过蔬菜，连连夸赞孩子，孩子脸上洋溢着自豪的表情，晚餐时大家边吃边谈论劳动的意义与价值，其乐融融……

我相信，学生在这样的过程中能够体验到劳动的艰辛，所有的收获都来源于付出的汗水，劳动可以创造物质财富，可以给他人带来幸福，认识到自己也有能力、有责任通过劳动给家人带来幸福。

苏霍姆林斯基主张要让儿童从小就量力而行地为家庭创造物质的和精神的福利，并且从中找到欢乐。他跟家长们商量好，每个家庭都要让儿童在指定的隆重的一天栽下一棵果树，由儿童亲自照料。几年之后，当果树结果的时候，要把第一批最大、最甜的果实奉献给长辈。照料一棵树直到结出果实，需要好几年的时间。在这个过程中，孩子心中秉持着一种信念，那就是这棵树是给爸爸妈妈种的，或是给爷爷奶奶种的，我要把最好吃的果实献给他们。这个过程就不再是单纯的劳动，而是一种精神的培育，是对家庭责任感的培养，有利于良好的道德品质的形成。他主张每个学生都有责任为自己的家人尤其是母亲带来快乐：

> 我竭力使我的每一个处于少年期和青年早期的学生为母亲的幸福和欢乐而贡献出巨大的精神力量。[1]

为了帮助学生认识到这一点，苏霍姆林斯基曾编过一本文选读物《母性的美》，书中收集了描写母亲的伟大、高尚和美的短篇小说与故事。他还给学生讲述《七个女儿》的故事，努力使学生从小就为母亲承担一部分不轻松的、单调乏味的工作。他教育学生将来能将自己在劳动中获取的工资的一部分交给父母。同时，他绝不让这些道理只是停留在口头上，而是引导学生通过参与各种劳动来落到实处。所以，在帕夫雷什中学，学生种下的每棵苹果树、每株葡萄苗、每株玫瑰，都有着道德与精神层面的意义。学生把种植的小麦磨成面粉，做成面包，拿回家给

---

[1] 苏霍姆林斯基. 公民的诞生 [M]. 黄之瑞，张佩珍，姚亦飞，等译. 北京：教育科学出版社，2002: 39.

自己的妈妈，看到妈妈脸上露出快乐的笑容，那一美好瞬间蕴藏着巨大的能量，让他的一生都受到鼓舞，感到温暖，也让他体验到劳动的巨大价值。我想，这样长大的孩子，不会缺乏家庭责任感，不会好吃懒做，不会"躺平"和"啃老"。

其实，当下很多教育的痼疾都与缺乏劳动教育密切相关。我们经常看到学生缺乏意志力，不敢挑战自己，做事半途而废，怕吃苦，不自信，心中无他人……这些都可以在劳动中得到改善。或者说，劳动可以作为一种教育手段，帮助我们突破很多教育困境。从一粒种子落入泥土，一株幼苗植入土坑，经历浇水、培土、施肥、捉虫等漫长而复杂的过程，终于到收获的季节，这本身就是意志力的锻炼，是不能半途而废的坚守，能让学生切身体悟到不付出劳动就没有收获。"功不唐捐，玉汝于成"，"种瓜得瓜，种豆得豆"，这才是最真实、最有说服力的教育，胜过要求学生反复背诵"锄禾日当午"。

我们针对学校的实际情况开展劳动教育。比如，我们推出了不同年龄段的劳动清单，在家中和校内学生需要参与的劳动，如家务劳动、自我管理、学校劳动等，都有明确的规定，让每个学生都明确自己应该参与哪些劳动。我们还引导不同年龄段的学生在劳动方面展开互助：一年级小朋友刚入学，很多事情无法独立完成，在这种情况下我们启动了友爱行动，让高年级学生去帮助一年级小朋友，六年级的每个班都与一年级的某个班结对。午餐时，六年级学生去帮助一年级学生分餐，这样就提高了分餐效率，让一年级学生有更多的时间享用午餐，老师也能腾出时间管理学生，以防范安全风险。五年级和六年级的学生还到一年级教室内，亲自示范、帮助一年级小朋友清洗水杯、打扫卫生等。我认为这些劳动无论是对高年级学生还是一年级学生，都有很重要的教育意义。

如果你想使学校里充满有趣的、鼓舞人的劳动气氛，使劳动不仅成为强有力的教育手段，而且也成为集体和个人的巨大精神财富，那么你就要关心让年龄较大的、较有经验的学生把人的最重要的财富——技巧和才干传给年龄较小的同学。[1]

让高年级学生去当低年级学生的教育者，就是他们自我教育的开始。学生在关心他人、帮助他人的过程中，将自己好的经验传递给他人，这样学校里慢慢就会充满鼓舞人心、积极向上的劳动气氛。

---

[1] 苏霍姆林斯基.和青年校长的谈话 [M].赵玮，等译.北京：教育科学出版社，2009: 112.

在劳动中开启智慧

与青年朋友们聊天，如果对方有孩子，尤其是有学龄前、小学阶段的孩子，我就会给他们提出两条建议：一是多让孩子阅读，二是多让孩子参加劳动。越来越多的家长已经认识到阅读的重要性，但劳动的价值却远远没有得到重视。究其原因，一是家长没有真正认识劳动的意义和价值，二是家长对儿童的溺爱与过度保护。那么，让孩子参加劳动究竟有什么意义和价值呢？

苏霍姆林斯基强调了劳动的多重意义：劳动不仅能锻炼学生的体力，而且可以培养学生的公民意识，使其形成良好的价值观，增强学生的意志力，还能开启学生的智慧，促进学生的思维发展，激发学生学习的愿望和热情。许多"难教学生"就在劳动中找到了自尊、自信和成就感。苏霍姆林斯基谈到在帕夫雷什中学的一个少年试验家小组里，总有一批学习较差的儿童在参加创造性的劳动，这个小组持续了15年。这些学生在解决这样两个问题：环境条件对种子发芽力的影响及对植物发育早期的生命力的影响；土壤和外界条件对产量的影响。从研究主题来看，这的确是一种创造性劳动，但令人难以置信的是，他们在学科学习上却已被标记为"难教学生"。但就是这样一群"难教学生"，确立了这样的研究主题后，开始了真正的学习。

我认为，学习和劳动的结合，就在于干活时思考和思考时干活。[1]

苏霍姆林斯基一语道破了学习与劳动之间的关系。通过思维和体力劳动的结合，双手的精确动作在实现着同样精确的设想，就使学生变成聪明的思考者，他们是在研究和发现真理，而不是单纯地"浪费"现成的知识。

苏霍姆林斯基主张在劳动中让学生发现自己的才能。在帕夫雷什中学，每个学生都必须参加劳动，而且都找到了自己喜爱的劳动，在劳动中思考、创造，发展自己的智慧，也培养责任感。劳动对那些智力发育迟缓、学习上遇到困难的学生尤为重要。在苏霍姆林斯基看来，这些在学习上遇到困难的学生，更应该参加劳动。苏霍姆林斯基根据自己几十年的教育经验得出了这样的结论：劳动在智育中起着极其重要的作用。当他获得劳动的快乐，知道自己经过努力而获得的劳动成果是那么甜美时，他的自尊与自信就会得到提升，他就会表现出惊人的力量。

我想起了在升旗仪式上给小宋颁奖的情景。小宋和班里另外两位同学刚刚在区里举办的一个少年科技创新项目中获得了三等奖。他和另外两位同学组成了一支三人研究团队，设计了一款针对老年人和行动障碍人士的行走辅助装置，小宋负责其中的绝大部分手工制作。当着全校师生的面，我大声报出了小宋和另外两位小伙伴的名字，邀请他们上台领奖。我把奖状和奖品（一套科普图书）发到他们手中，然后请他们合影留念。小宋有点儿不好意思，但他开心的笑容、闪亮的眼睛，都让我强烈地感受到他的快乐和自豪。我感慨万千，因为小宋本是一个"学困生"，他在各门学科的学习上都困难重重，但就是这样一个"学困生"却做起了少年科技创新项目，研究成果还获了奖。对小宋这样的学生，

---

[1] 苏霍姆林斯基. 给教师的建议（全一册）[M]. 杜殿坤，编译. 2 版. 北京：教育科学出版社，1984: 245.

我们坚持让他们结合个人兴趣参加各种拓展性社团活动，小宋便参加了其中的一个科技社团。在社团活动中，他向同学们谈到自己的外婆由于疾病而行走不便，提出为老年人和行动障碍人士制作辅助装置的想法，他的想法赢得了老师和其他同学的赞赏，于是另外两位同学加入了他的研究团队。他们在图书馆和网络上查阅各种资料，还研读了人体骨骼结构方面的书籍，以及关于行走的肢体运动规律的科普资料，包括寻找合适的材料也几经波折——要找到合适的弹簧、滑块、封装板、鞍座、束带等材料都很不容易。经过近两个月的忙碌，他们终于完成了这个项目。

这次成功之后，小宋迷上了科技小发明，在学科学习上也取得了很大进步。小宋的成功和进步让我和老师们都非常欣慰。我在意的不是小宋获奖，而是他找到了自己喜爱的创造性劳动，并获得了成功的体验，这让他感受到他不比别人差，他有能力克服困难，并在某个领域获得成功。

小宋的经历，让我想到了苏霍姆林斯基提到的一个"差生"巴甫里克的故事。巴甫里克在学习上面临的困难显而易见，他思维迟钝，连非常简单的知识也掌握不了。后来他迷上了植物种植试验。正是这项他喜爱的劳动促使他实现了"思维的觉醒"，并在学习上也取得了成功：他进了农业学院，后来成为一名农艺师。巴甫里克的故事让我再一次认识到，没有一个学生是天生就无可救药的，教育工作者一定要千方百计让学生找到自己喜爱的劳动领域，创造性劳动可以开启学生的智慧，而成功体验就像美妙的钟声，将持久地回荡在他的心中，让他不再沉沦，不再自卑，不再自暴自弃。

帕夫雷什中学有各种工作角："难题之角""小型机械化之角""育种和遗传研究之角"……不同的工作角，参加的学生也不一样，但目的是一样的，那就是让学生在那里进行创造性劳动，培养学生对劳动的热爱和坚持精神，让他们在劳动中看到和发展自己的潜能。尤尔卡是一个兴趣爱好广泛的孩子，他迷上了机械制造，于是他到少年机械师小组去听课。他想制造一辆漂亮、舒适的汽车，为了达到这个目标，他阅读了大量相关书籍，做了很多在别人看来非常枯燥的事情，比如长时间打磨一些金属材料。学习装配汽车的想法，使他读书的兴趣越来越大，但这种学习完全是出于兴趣，出于自身需要，不需要任何强迫，也不需要死记硬背。

> 我们竭力使每一个少年都成为劳动者、思想家和探索者，使之在饶有趣味、令人振奋的创造中认识世界并认识自己。[1]

从苏霍姆林斯基的观点可以看出，一所好学校应该有很多像尤尔卡这样的少年劳动者、思想家和探索者，要让他们每天都能进行有趣的、鼓舞人心的创造性劳动，这是他们认识世界、认识自己并发展自己的必然路径。尤尔卡的故事让我想起了学校两个三年级学生研究智慧闹钟的故事。阳阳和小姜想设计一个需要在完全清醒的情况下才能关闭的闹钟，因为他们发现现在常见的闹钟有一个问题——闭眼就可以关掉闹钟从而导致经常睡过头。于是，他们想做一个智慧闹钟，这个闹钟具备一般闹钟的基本功能，但它每次叫醒人们时，需要人们回答几个问题，连续回答正确才能关闭闹钟，并且每天都可以设置不同的问题来增加趣味性。他们用软件进行编程，设置各类问题，如地理题、数学题等，又通过语音交互，完成了设置：当问题与人们的答案完全一致时，闹钟才会关闭。他们使用激光切割机配套软件来绘制设计图，又使用激光切割机进行切割与雕刻，并使用各种工具将元器件进行固定，完成了组装，最终做成了一个能够避免人们睡过头的智慧闹钟。我被这两个学生的创意和动手能力深深震撼，我真切地希望能有更多的学生成为这样的劳动者、思想

---

[1] 苏霍姆林斯基. 公民的诞生 [M]. 黄之瑞，张佩珍，姚亦飞，等译. 北京：教育科学出版社，2002：386.

家和探索者。

　　在谈到劳动对学生的智力影响和教育作用时，苏霍姆林斯基的一个观点值得注意。他认为，儿童劳动中要带有成年人生产劳动的特征，孩子们的劳动越接近成人的劳动，其教育作用也就越大。他举了一个例子：给一群 7 岁的小孩子一件很好玩的电动玩具，给另一群 7 岁的小孩子一台小型钻床，这台钻床可以在制造模型用的金属薄板上钻孔，他发现孩子们对这两件东西的态度很不一样。电动玩具很快便被扔在一旁，而小型钻床却一直让人兴致勃勃。苏霍姆林斯基的观察发现给我们带来启示：儿童的劳动不应停留在重复的、肤浅的游戏层面，而应该具有一定的创造性和挑战性，这会激发孩子的热情，让劳动成为发挥才干、增强自信和勇气的手段。所以，我们给孩子购买一个哪怕是会说话的漂亮的娃娃，都不如给孩子一把小刻刀和一块木头，或者只是一团泥巴，因为孩子可以进行创造。

学生公民意识的培养

　　我校四年级的三个小朋友小舒、小哲和晨晨，近期受邀在杭州市举办的一项活动中做了一次学术报告——没错，的确是一次学术报告。他们的科学研究报告《以野生蟾蜍为例探究城市化进程对野生动物的影响》在杭州市举办的一项科学探究主题活动中获了奖，活动主办方请他们介绍一下自己的研究成果。

　　他们在报告中调查了城市化进程对学校所在区域的人文、地理、环境的影响，尤其是对野生动植物的分布和存续进行了重点研究。他们选择以野生蟾蜍作为研究对象，因为蟾蜍作为典型的两栖动物，皮肤布满小孔，具有渗透性，且不具备羊膜和壳等保护结构，所以它对环境的敏感性极高，被认为是检测环境变化的风向标。他们通过实地调查、现场访谈、查阅资料等方式，就我校所在区域内近二十年来野生蟾蜍的分布及生存情况做了简要分析，围绕野生蟾蜍的生活习性以及环境变化对其影响，提出了加强野生动物保护的建议和相应措施，并给出了可行方案。他们认为，目前，受城市化进程影响，该区域内野生蟾蜍的生存空间已经受到严重挤压，群体存续前景堪忧；根据实地调研结果，区域内仅有部分河道周边及少量绿化带内尚有蟾蜍出没，且受道路阻隔等因素影响，蟾蜍已无法实现自由迁徙。因此，他们指出，应当保护和改善蟾蜍的生存环境，可以采取这些措施：在城市化进程中，应当尽量保留原有河道和湖泊、沼泽地等湿地空间来容纳现有的野生动物；进一步推进截污纳管和五水共治等工程，优化区域内水体质量；开展除虫等工作时尽量选择毒性较弱的杀虫药剂，或采用物理手段（如紫外线诱杀等），以降低食物链毒害；等等。

当我第一次看到他们的研究报告时，我的心中充满了自豪和感佩。在我看来，他们的研究报告字里行间体现了责任感和公民意识。他们用自己的眼睛观察周围的世界，思考自己能够做些什么来影响他人，让社会变得更加美好，为此他们贡献了自己的汗水和才智。

苏霍姆林斯基的观点能给我们带来很多启发：

> 教师应当竭尽全力，使学生感到自己是能够影响社会发展的积极力量。公民感——这是最崇高、最高尚的心灵运动，它们颂扬人们，并在人们身上确立社会意识、荣誉感和自豪感。[1]

对公民意识的培养不应是人成年以后的事情，而应该从儿童时代就开始加以重视。要让学生在观察和改善社会、影响他人的具体行动中，关注周围发生的一切，意识到世界上的一切都与自己有关，没有人能够置身事外，而面对不公、犯罪、可耻的事情如果袖手旁观、冷漠处之，是不应该的；同时还要思考自己如何拿出勇气，为改变世界而采取具体的行动。研究野生蟾蜍的生存环境并提出保护措施及建议的三个学生，他们的行动正体现了这种责任感和公民意识。我想，他们的研究成果能够产生影响的范围也许是有限的，也不一定能够对一些城市规划方案起决定性作用，但我相信，当学生从事这样的研究时，他们对社会、国家的责任感和公民意识已经深深地扎根在心中。当他们稚嫩的面孔出现在讲堂，面对观众侃侃而谈，发表他们的研究成果，提出他们的建议时，我相信台下任何聆听报告的观众都会深受感动。

---

[1] 苏霍姆林斯基. 公民的诞生 [M]. 黄之瑞，张佩珍，姚亦飞，等译 // 蔡汀，王义高，祖晶. 苏霍姆林斯基选集（五卷本）：第 3 卷. 北京：教育科学出版社，2001：748.

我在向家长们阐释学校办学理念时，总会提及对学生责任感和公民意识的培养。我希望无论是教师还是家长，都能坚定不移地引导孩子，让孩子相信自己具有改变世界、影响他人的力量，相信自己通过坚持不懈的努力可以让这个世界变得更加美好，这是生活在这个世界上应有的责任担当。

在这一点上，我校学生不断给我们带来惊喜。比如，针对人口老龄化的社会现状，为了进一步了解老年人的养老方式和养老服务等情况，唤起家庭及社会对老年人的关爱，我校几个三年级学生发表了《关于老年人养老方式的调查报告》。他们以自己居住社区的 60 岁以上的老人为样本展开了调研，通过线上问卷、走访入户、社区访谈等形式，从文化程度、居住情况、身体状况、生活自理状况、锻炼场所、锻炼项目、养老方式以及子女的关爱程度等方面展开了详细调研，并对调研结果进行了分析，得出了令人信服的结论，提出了改善老年人养老方式的措施和建议。比如，建更多老年人休闲、文体活动场所；充分利用社区、物业等为老年人居家养老提供更完善的服务；大力扶持家政服务行业，让更多的老年人享受到更优惠和更优质的家政服务；建设更多惠民养老机构，让老年人真正老有所养；等等。

反复阅读那几个三年级学生的报告，我仿佛看到了他们小小的身影在社区走访，看到了他们与爷爷奶奶们在一起谈心交流，看到了他们在设计调研问卷……更令我感动的是，他们能够把自己的目光投向身边的亲人、邻居，能够把自己的疑惑与担忧作为研究的聚焦点。在他们身上，我不仅看到了责任感和公民意识，也看到了善良的心地和纯洁高尚的情感。学生提出的建议不见得多么新颖，也不一定能够马上落地，但公民意识和责任感、个人的道德信念，不就是这样逐渐形成的吗？在培养学生的公民意识方面，我们应该摒弃急功近利的短视心理，带着长远的眼光去从事这项培养工作。这不仅仅是学校教育的责任，来自家长和社区的引导、支持也非常重要。学校教育、家庭教育和社会教育应该形成合力。

让学生去关心看似与个人无关的事情，以培养学生的公民意识，是苏霍姆林斯基一以贯之的观点。

> 务必使少年对那些似乎与他个人无关的事情表示个人的关切，否则，要培养高尚的情操和造就一个公民是不能想象的。[1]

苏霍姆林斯基使用教育实践中的许多例子，来阐释他的这一观点。他努力使学生不要对那些令人焦急不安的事情漠然置之，更不能对邪恶的行为妥协，他鼓励学生坚决站在善良、正义和公正这一边。他讲述的一件事令人印象深刻：一个秋天的傍晚，少年保护大自然小组的组员们发现了一个惊人的秘密——几个开着汽车的人来到了森林里，他们为了砍伐树木牟利，先是设法让树木枯死，再把树木锯掉偷偷运出森林。而更让他们吃惊的是，在这群砍伐树木的人之中就有畜牧场的场长，而他们多次听过这位场长娓娓动听地谈论爱国主义、公民天职等。孩子们设法扔掉了他们的作案工具，还悄悄在他们的汽车上写上"窃贼"二字。孩子们用自己的方式惩罚了罪犯，但他们不确定这样做是不是对的，会不会被人认为是胡闹。苏霍姆林斯基热情地肯定了孩子们的勇敢行为，称他们是"维护真理的真正战士"。他强调：

> 任何时候也不要对年轻的心灵迸发出来的真诚的热情置之不理，任何时候也不要去动摇他们对世界上最宝贵的东西的信念，它作为指路明灯，照亮了年轻人生活的道路——这是对共产主义理想

---

[1] 苏霍姆林斯基. 公民的诞生 [M]. 黄之瑞，张佩珍，姚亦飞，等译 // 蔡汀，王义高，祖晶. 苏霍姆林斯基选集（五卷本）：第 3 卷. 北京：教育科学出版社，2001：763.

的信念，是相信最公正的真理（柳达的话）必胜的信念。[1]

　　的确，作为教师，我们要用自己的热情去点燃和照亮学生，我们自身的公民意识，对正义、真理的信念等，都会对学生产生深远的影响。在这个世界上，没有人应该是一粒微不足道的尘埃，每个人都会发出属于自己的光芒。

---

[1] 苏霍姆林斯基. 公民的诞生 [M]. 黄之瑞，张佩珍，姚亦飞，等译 // 蔡汀，王义高，祖晶. 苏霍姆林斯基选集（五卷本）：第 3 卷. 北京：教育科学出版社，2001: 766.

第六辑

办一所让孩子天天盼着
去的学校

将健康放在首位

　　新学年第一天，一年级的学生被家长牵着手送进了学校。虽然之前教师曾逐一做过入户家访，对每个学生的大致情况已经有了一些了解，但学生第一天的表现还是让我们喜忧参半：喜的是大部分学生看上去聪明活泼，忧的是有些学生看上去精神萎靡，身体或明显超重，或明显瘦弱，让人担忧他们的健康状况。课间操时间，学生在教师的带领下排队走到操场上，由于还不会做操，学生首先开始学习的是如何听口令和哨声走路、转身、看齐。不到十分钟，意外情况发生了，每个班都有两三个学生面色苍白，气喘吁吁，大汗淋漓，必须马上休息。显然，刚才的活动量虽然不大，但对他们来说是身体难以承受的负荷。教师和校医马上进行了妥善处理，几个学生安然无恙。

　　这让我的心情比较沉重。晚上，我独自一人在学校操场上慢跑，一边跑步一边回想白天发生的那一幕。我的耳边还回响着这几个学生的家长得知情况后焦急的话语，还有个别家长在电话那头的抱怨声。作为教育工作者，我们该做些什么，才能帮助学生改善健康状况呢？还有，我们应该怎样去争取家长的理解和支持，共同将孩子的健康放在首位？

　　在苏霍姆林斯基数十年的校长生涯中，他一再强调关心学生的健康是教育工作者最重要的工作。他认为：

　　　　不了解学生的健康状况，就不可能有正确的教育。我在学校工作30年的经验使我坚信：要根据儿童的健康状况，不仅对每一个学生要采取个别对待的态度，而且要采取一系列不同的爱护、爱惜和增强健康的措施。经验证明，教育应当配合把儿童的疾病治好，使他摆脱往往在幼年时期就有的疾患。[1]

正因为苏霍姆林斯基对健康的高度重视，他在开始教班的一年半以前，就去了解他未来学生的健康状况。他研究学生父母的情况，以此来猜测有哪些疾病可能遗传给儿童（当然，这些猜测还得经过医生鉴定），尽可能掌握他的未来学生的身体各重要系统（神经系统、呼吸系统、心脏、消化器官、视力、听力）的状况的资料。他还攻读了专门的医学著作，从而日益确信：对教师来说，懂得学生身上所发生的内在的生理、心理、年龄、性机能发展等过程是多么重要。他曾谈到如果把他在小学四年期间对儿童的全部关心和操劳都计算一下，那么起码有一半的操心是花在他们的健康上面的。他发现，人们在校务委员会、讲习班、教学法讨论会上谈论最多的是教学法、教学方式、课程体系、教学经验等内容，而关于儿童却谈得很少。确实，我们应该更多关注儿童，尤其要关注儿童的健康。

近些年，我们对儿童和青少年的心理健康的关注度有了很大提高，但对儿童、青少年的身体健康的关注还没有提到应有的高度。为了提升学生的体育成绩，各个学校训练也很认真，甚至称得上"刻苦"——曾在网络上看到一个家长"吐槽"，说国庆节期间，教师还在组织一些体育不达标的学生到校进行体能训练，致使家庭原有的假期旅游计划泡汤。在这种情况下，家长不满意，学生更是不开心，到学校参加训练的成效可想而知。其实，苏霍姆林斯基主张在运动项目的比赛中主要比动作的漂亮、优雅、协调，而把速度作为次要因素；那种以动作快慢为唯

---

[1] 苏霍姆林斯基. 给教师的建议（全一册）[M]. 杜殿坤，编译. 2版. 北京：教育科学出版社，1984: 89.

一成绩标准的比赛是根本不能容许的，那样会滋长不健康的狂热性和虚荣心；学校不能通过投机取巧而猎取学校虚名的做法去煽动不健康的狂热性。

苏霍姆林斯基的这些观点让我陷入了矛盾之中。一方面，我高度认同苏霍姆林斯基的这些观点，认为学校体育运动不能成为学生比拼个人成绩的手段，也不赞成以此评价一所学校的体育健康工作；另一方面，我和老师们又不得不考虑学校评价指标，因为这些评价指标放在当下的教育大环境下，有一定的参考价值。因此，在很多时候，我都在寻求一种平衡。恰当的平衡是高手所为，我自然还欠缺不少"火候"，因此，焦虑、纠结就在所难免。

但我们总得朝着明亮那方前进。我们在家长学校的课程中专门开辟了健康板块，推出了一些有关学生身体健康的主题课程，同时传播一些健康生活的理念，并在校内采取了一些有助于促进学生身体健康的措施。比如，我们针对体重超标的学生，推出了以减重为目标的"功夫熊猫班"，推出了关于营养均衡的主题讲座，学校教师每天带领学生进行趣味性训练，聘请的校外营养学专家专门给家长讲述如何合理搭配孩子的饮食，每个年龄段的儿童健康发育所需要的睡眠、饮食等基本要求；我们还邀请了身为儿科医生的本校学生家长给家长普及一些医疗保健知识，针对近年多发的"感统失调""自闭症"等问题普及一些专业知识，并提供了一些训练措施。学校为有"感统失调"和"自闭症"症状的学生设立了专门的教室，供他们学习、活动和训练，购置了大量图书、玩具以及训练器械。教室每天都开放，并配备教师进行陪伴和指导。学校食堂提供午餐和课间餐，每周菜谱都经过精心设计，从营养均衡和季节性食材等方面加以考虑，同时每天都提供新鲜牛奶、水果和点心，以满足学生生长发育的需要。这个过程中还有很多细节需要操心。比如，每天早晨6点，就有教师来到学校食堂，与食堂工作人员一起，从新鲜度、数量、种类等方面，查验各种食材，还会仔细查看农药检测单据等，将不新鲜的食材全部摒弃并记录下来，同时向供应商反馈，及时补配相应的新鲜食材；每天的牛奶、水果和点心也要仔细查看保质期（临期的产品一律不要），同时让学生及时食用，防止食物变质。这些工作需要耗费精力，也需要非常细心地对待，但为了学生的身体健康，所有教师都认为是值得的。

针对一些家长只关注学生学业成绩的现象，我们不仅向家长传播"全面和谐发展的人"的教育理念，而且从科学理性的视角帮助家长分析学生学业成绩不佳的原因。我们将苏霍姆林斯基的一些研究发现也分享给这些家长：

> 原来，造成许多学生学习落后、课堂上和课外做不好作业甚至留级的重要原因之一，就是他们的健康状况不佳，患有某种疾病，而且这种疾病往往极不明显，只有在家长、医生和教师的共同努力下才能得到治疗。[1]

在我们不断传播这些理念后，一些家长开始重视并直面孩子的健康问题。针对一些"自闭症""感统失调""注意力缺陷""多动障碍"学生，有的家长选择经常性的驻校陪伴，有的家长聘请专业机构的教师来帮助学校教师训练和陪伴学生，并开始了专业、系统的干预和治疗。

我校的社团有不少都是与体育相关的，除了一些常规的田径、球类社团等，我们动用各种资源，开设了不同种类的体育社团课程，如跆拳道、轮滑、英式橄榄球、射击、射箭等，尽可能涵盖方方面面，让学生有更多的选择，通过自己喜欢的体育活动锻炼身体，增进健康，培养意志品质，同时增长自信。有些社团开设要求较高，筹备过程比较曲折，

---

[1] 苏霍姆林斯基. 和青年校长的谈话 [M]. 赵玮，等译. 北京：教育科学出版社，2009：55-56.

但只要是对学生有益的事情，我们都会千方百计地去做。比如，我们了解到英式橄榄球是杭州亚运会的一个比赛项目，比赛场地就在我们学校旁边的大学校园内，但对这项比赛大家了解还不多。于是，我们就借杭州亚运会召开的东风，寻求各级组织和专业团队的支持，将英式橄榄球项目课程引入校园，聘请专业教练给学生上课。学生非常兴奋，或扑或抢，或搂或抱，球场上充满了欢声笑语。而足球是学校的普及性体育课程，我们强调男孩女孩都必须参加，表现出色的学生会被选拔进入学校足球队（为鼓励女孩参与足球运动，我们还专门组建了女子足球队），我们也经常参与和组织与兄弟学校之间的足球比赛，让学生有更多的机会锻炼和展示自己。每当我看到在球场上热火朝天踢球的学生，看到他们在草地上奔跑、呼喊时，尤其是那些女孩，她们拥有小麦色的皮肤和挺拔的身姿，是那么健康，那么自信昂扬，我的心中就充满了喜悦和自豪。

苏霍姆林斯基对健康的关注表现在教育教学的细节和实践中。比如，他要求学龄到十三四岁的学生从春天到秋天，不论天气好坏，一律打赤脚；他不允许学生在封闭的教室内超过三个小时；他创办了"蓝天下的学校"，带着学生到大自然中去呼吸新鲜空气，同时进行思维训练；他教给家长为孩子准备新鲜有营养的食物，种植各种水果给孩子吃，同时帕夫雷什中学的食堂也给学生准备新鲜有营养的食物；为了不断完善帕夫雷什中学周边的自然环境，他带着学生和教师一起种果树、养蜜蜂等，给学生提供更多的富有营养的食物，同时让空气更加新鲜，更有利于学生的健康发育。他们对学生做教育鉴定时，要求教师在教育鉴定中把学生的健康状况、身体发育情况放在首位，关注学生的全面发展，而不是只关注某个方面，尤其是考试分数。我不断地阅读这些文字，想象着发生在帕夫雷什中学的一幕幕，心中对苏霍姆林斯基充满敬意。我知道，我们不可能完全复制苏霍姆林斯基的做法，但苏霍姆林斯基和帕夫雷什中学就像一座灯塔，照亮了我们前方的道路，引领我们不断向前。

石老师是我校一位优秀的班主任，他兼任语文教师和体育教师，也是一位马拉松和登山爱好者。他每周都给家长写一封信，在信中谈论最多的话题是阅读和体育运动。在他的带动下，班级学生和家长中出现了不少跑步和登山爱好者。在他给家长的一封信中，他谈到和班级学生参加马拉松比赛的经历及感受。那天，他参加了杭州的半程马拉松项目，他们班的十几个学生也参加了"梦想跑"项目（赛程为 5 公里）。

这次马拉松我没有全程陪同孩子们，两公里处——"梦想跑"和"半程跑"的分流处，我目送孩子们跑向自己的梦想赛道，我也开始奔向自己的半程之旅。这犹如一个隐喻——未来我们只能陪孩子一程，我们老师和家长都要努力陪好这一程。

我感动于这样的文字，感动于字里行间蕴藏的深刻的教育哲理。

感受大自然的永恒之美

　　一个阳光明媚的日子，苏霍姆林斯基带着学生坐在荞麦田边，蜜蜂竖琴般的嗡嗡声开始奏响，在这美妙大自然的音乐伴奏下，学生开始倾听苏霍姆林斯基描述眼前的美景和美好的感受。苏霍姆林斯基生动的描述，丰富美好的语言，把学生带入一个极其美好的世界中。

　　我无数次想象着这样的画面，耳畔也仿佛听见了苏霍姆林斯基浑厚而富有感染力的声音。我相信这一幕将永远留在那些学生的记忆中，那个坐在荞麦田边的阳光明媚的日子，也将永远定格在学生的生命中，照亮和温暖他们今后漫长的岁月。以天地为课堂，将大自然作为教育空间，将自然万物作为教育资源，以此开启学生的智慧，对学生进行审美教育、情感教育和道德教育，是苏霍姆林斯基教育体系中非常重要的一部分。当他发现学生在课堂上思维迟钝、目光呆滞、语言贫乏，对学习完全丧失兴趣的时候，他就带领学生到大自然中去，他认为大自然是思维取之不尽的源泉。他和学生一起，倾听云雀在蔚蓝色的天空中歌唱，观赏风卷起田里一望无际的麦浪。他们用眼睛观察，用心灵感受，用语言描述。这比传统的封闭的课堂更吸引人，更有利于学生语言素养、审美能力的培养和思维发展。

　　每逢万物回春，我们也会带领学生到大自然中去，每次出行学生都会欢呼雀跃，我们一起去寻找美，描述美。我们描述美的方式有很多种：绘画、文字、朗诵等。有一次学生发现了一棵树龄近 500 年的老樟树，老樟树历经风雨，依然枝繁叶茂，教师和学生就拉起手，围成了一个大圆圈，绕着老樟树欢乐地转起圈来，唱起了赞美的歌谣。他们还编写了小诗，写了观察日记，并配上老樟树的写生画。春水淙淙，花朵含苞待放，灰色、白色和黑色的水鸭在池塘里自由地游弋，我们一起诵读苏轼的诗："竹外桃花三两枝，春江水暖鸭先知……"

每逢深秋时节，我们也会到大自然中去。江南一带的湿地较多，池塘边、小溪旁，大片大片白色的芦苇在微风中摇曳。学生会看到专注的垂钓人，会看到白鹭和不知名的水鸟从芦苇深处振翅惊飞，会看到橙黄的南瓜和紫色的豇豆沉甸甸地悬挂在藤架之上，还会看到那隐在竹林背后的青瓦白墙的江南民居……。我们挑选平坦的草地，搭起帐篷，围坐在一起，野餐，讲故事，朗诵诗歌，用优美的语言描述自己刚才的所见所闻，展示自己刚刚创作的绘画作品。我们把在树林中捡的各色落叶从布袋里拿出来，三五个学生组成一个小组，开始创作落叶画。学生用五彩斑斓的落叶创作了小狐狸、小房子，还有自己喜欢阅读的绘本中的一个场景……。学生向教师和同伴描述这些作品，这些作品中展现出的惊人的想象力和美感，深深地震撼着我。正如苏霍姆林斯基所说，审美素养的培育和情操的培养，都是从感受美和认识美开始的。如果忽略了到大自然中旅行，我们就无法想象会有完备的适合学生的智慧教育、审美教育，以及情感教育和道德教育。

美是滋润善良、热诚和爱情的一条小溪。孩子们对长满红浆果、黄叶子的野蔷薇丛，对小槭树和有几片黄叶子的齐整的小苹果树，对受到初秋寒夜冻着了的西红柿丛感到惊讶的时候，这都会唤醒孩子心灵中对有生命的、美的东西的爱抚、善良和关心的态度。[1]

善良、热诚、对他人的爱、对亲人的责任感，这些都可以从对大自

---

[1] 苏霍姆林斯基. 怎样培养真正的人 [M]. 蔡汀，译. 北京：教育科学出版社，1992: 289.

然的美的观察和体验中逐渐形成。大自然的广阔天地就是课堂本身，大自然的一切美好事物都可以成为教育资源。小男孩托利亚喜欢一株铃兰花，他惊叹于这朵铃兰花的美，忍不住伸手要掐下这朵花。苏霍姆林斯基问他为什么要掐下这朵花，他回答说喜欢这朵花，因为它很美……苏霍姆林斯基让他在掐下这朵花之前说说这朵花有多美。托利亚面对这朵花，想用最美妙的词汇把它描述出来，但他又一时难以找到合适的词汇，也就在那一瞬间，他终于意识到，美的奥妙无穷。于是，他放弃了掐下这朵花，而是让它继续自由地绽放。苏霍姆林斯基教育托利亚的故事，给我们带来启迪：美在学生的情感和道德教育中，可以起到巨大的作用，而这些是教师用其他手段无法做到的。

观察和感受大自然的美，本身就是生命教育的一部分。在晴朗的夏夜，苏霍姆林斯基和学生一起躺在高高的草垛上，观赏头顶的星空。学生被宇宙的广阔无垠深深地震撼，他们开始思索生命的意义和价值。这正是苏霍姆林斯基希望达到的教育目的：

> 观察和感受周围世界的美，是理解和感受生活的喜悦和生命美的主要源泉之一，这也使我产生这样一种不可逆转的坚定的思想：世界、大自然和美的生命是永恒的，而在这永恒的生命中，我个人只能活在大自然指定给我的那么一段时间。要使每一个人在少年期就考虑到应当怎样来度过自己的一生，这是非常重要的。[1]

怎样度过自己的一生，这是每个人都要面对的一个重大命题。如果我们在童年、少年时代，就能感受到世界、大自然和美的生命的永恒，而我们每个人的生命都是有限的，那么，我们就会珍惜生命，让我们的

---

[1] 苏霍姆林斯基. 公民的诞生 [M]. 黄之瑞，张佩珍，姚亦飞，等译 // 蔡汀，王义高，祖晶. 苏霍姆林斯基选集（五卷本）：第 3 卷. 北京：教育科学出版社，2001：724-725.

生命更有价值。

我想起那年冬天的一场雪，那是江南的冬季很少见的一场大雪。纷纷扬扬的雪花在校园里洒落，学生正上着课，眼睛却都望向了窗外。班主任张老师放下书本，向学生提议一起出去看雪。教室内一片欢呼。他们出去一看，看雪的还有其他班级的学生。大家观察着树上和房顶的积雪，也观察着落在掌心的雪花，但还没来得及看个仔细，雪花就融化了。学生又来到操场上，玩起了掷雪球、打雪仗、堆雪人的游戏。一大一小两个雪人依偎着坐在教学楼前面，与校园里红色的大熊雕塑相映成趣。学生说，这一大一小两个雪人就是老师和小朋友。雪人在校园里"活"了好几天才逐渐缩小直至消失，那几天我每次从雪人跟前经过，心中都会涌出一股热流，两个雪人的"表情"和相依相偎的姿态，都让人感受到爱、温暖和信任。

还是源于这场雪，我在阅读课上带着学生重读了绘本《雪花人》。那个坚持不懈、克服重重困难拍摄雪花照片的"雪花人"威尔森·艾·班特利，第一次让人们看到了清晰的、美丽的雪花图案，他告诉我们该怎样度过自己的一生，他追逐梦想的勇气永远激励着我们。

苏霍姆林斯基曾经无比焦急地等待春天的到来，他希望可以带领学生看到万物苏醒的模样：

> 首批开放的花朵、初绽的枝芽、新出土的嫩草、第一只蝴蝶、第一声蛙鸣、第一群家燕、第一响春雷——这一切都焕发着永恒的生命之美进入孩子的精神生活。[1]

而我也渴望春天的到来，渴望每个季节的到来。从某种意义上说，多年与学生在一起的时光，也让我感受到了生命的永恒之美。

---

[1] 苏霍姆林斯基. 帕夫雷什中学 [M]. 赵玮，王义高，蔡兴文，等译. 北京：教育科学出版社，1983: 439.

创造美好优雅的教育环境

每天早晨，我都会在校园里行走，看看各个教室里学生的到校情况，也观察校园的各个角落以及设施设备的运行情况，比如，饮水机是否运行正常，洗手间是否清洁等。其中，洗手间是我重点关注的区域。我们认为，一个学校的文明程度、管理水平，学生的文明素养，从洗手间这个区域就可见一斑。这些年我曾到过不少学校，有些甚至是全国知名的学校，其教学大楼可谓宏伟壮丽，各种教育教学理念堪称超前，名师数量也非一般学校可比，但其洗手间却惨不忍睹，人在走廊上就能闻到从洗手间散发出来的异味，我觉得这样的学校不能称为好学校。我校在一年级新生入学之初，就将培养学生的文明习惯（包括如何使用洗手间）当作重要的教育内容。学生在入学第一天，就在老师们的带领下，学习如何正确使用洗手间的设施设备，如何保持洗手间和个人卫生，具体到用完洗手间后如何冲水，如何洗手清洁，都一一进行示范讲解。我们教育学生，应该尽可能维护洗手间的卫生，不要因自己的懒惰或不文明行为而给保洁阿姨、保洁叔叔增添麻烦。为了让洗手间变成美好与整洁的空间，我们挑选学生喜爱的绘本《疯狂星期二》和《儿童的季节》中的经典画面，绘制在卫生间的墙上和门口，既有充满想象力的动物场景，也有正在树下做游戏的活泼欢乐的儿童，让洗手间也成为校园的一道风景。

我和老师们都认可这样的教育理念：培养学生的文明行为、良好生活习惯，以及对周围环境的敏锐性和感受力，是学校教育中非常重要的一部分。在帕夫雷什中学，学生进入教学楼之前要擦洗两次鞋，值日生负责检查学生的鞋是否干净：每个学生都要站在一块白色粗麻布上蹭鞋底，如果布上没有留下痕迹，可以进入校舍；如果布上显出污迹来，学生就得去重新擦洗，并且要把白色粗麻布也带回去洗。帕夫雷什中学的这个教育细节令人惊叹。很难想象，20世纪中叶的一所农村学校能够达到这样的教育管理水平。在这样的环境中，学生不仅能养成良好的卫生习惯，而且会逐渐建立自律意识，尊重他人劳动，提升感受力和责任感。

苏霍姆林斯基认为，美是培养敏锐的强有力手段：

> 我们从孩子的童年早期就让他们懂得：讲台上不铺漂亮的桌布，地板上布满灰尘，墙角里有蛛网，在这地方上课是不可思议的。[1]

是的，绝不能让学生面对不清洁、不美丽、不舒适的环境而无动于衷。如果说一所学校的办学水平从洗手间的管理可以窥见一斑，那么，一间教室也可以反映出一个班级的状况、教师的教育理念等。苏霍姆林斯基介绍帕夫雷什中学的校园物质基础时，曾对校园的建筑构成、空间设计、文化展现、专用教室和设施设备的安置与功能等情况进行了详细说明，真正做到了每面墙壁都在说话，每个角落都服务于学生的智力发展和道德品质教育。苏霍姆林斯基强调学校的一切陈设布置都应该具有明确的教育功能，应该服务于学生，而且这些布置基本上都是师生共同动手完成的。

我非常认可校园文化布置、空间打造尽量由师生亲自动手完成的做法。如果让广告公司和专业人员去设计，在当下各种电脑软件的加持下，他们的设计可能五彩缤纷、美轮美奂，但我认为这样的校园空间缺少温度、个性和活力。

教室是师生每天生活、学习的主要场所之一，所以我们非常重视教

---

[1] 苏霍姆林斯基.怎样培养真正的人 [M].蔡汀，译 // 蔡汀，王义高，祖晶.苏霍姆林斯基选集（五卷本）：第 2 卷.北京：教育科学出版社，2001：234.

室文化——其实也是班级文化的布置。学期初，学校德育处会制订班级文化建设的主题设计计划，根据季节、节日、国家课程计划、学校教育常规等因素和要求来制定每月的班级文化主题。比如，每学年第一学期，班级文化主题包括：我们开学了；亲爱的老师，您好；我们爱祖国；中秋团圆；新年好；家乡的春节等。第二学期，班级文化主题则包括：来，我们一起寻找春天；清明革命传统教育；向劳动者致敬；端午佳节；庆祝六一儿童节；爱党教育等。班级文化主题确定之后，教师和学生一起动手设计与布置教室，有的家长也参与进来。学生的作品，包括画作、书法、泥塑、手工、剪纸、布艺等都被展示在教室的橱柜上、窗台上以及内外墙壁上，这些作品并不是随意摆放的，而是经过了精心的设计和布置，让作品的展示富有美感和层次。走进每一间教室，我都会被学生和教师的精彩创意深深打动，这里展现了他们丰富的想象力和创造力，对美的追求，对生活的热爱，对中华传统文化的传承……教育的功能不正是体现在这样的细节中吗？

除了这些充满创意的文化设计，每间教室里都有一些实用的设施。比如，每间教室都有阳台，按照最初的建筑设计它只承担活动和休息的功能，但我们希望充分利用阳台，为学生提供更加舒适、整洁的学习和生活环境，所以我们在每间教室的阳台上加装了洗手设备、垃圾分类设施，以及专门用来存放雨伞、笤帚、拖把等物品的设施。洗手台上总是摆放着洗手液，摆放在阳台一角的垃圾箱上有明确的标识，便于学生进行垃圾分类，雨伞、笤帚等物品也整整齐齐地存放在阳台上的一个固定位置。学生可以课间到阳台上呼吸新鲜空气，也可以在加餐前后去洗手。又如，每间教室都安装了空调和空气净化设备，但我们主张尽可能让学生呼吸室外的新鲜空气，在不太炎热和寒冷的季节都尽量打开门窗，在课间活动和体育课时也将教室的门窗打开。这样做不仅是为了节约能源，更是为了传递健康的生活理念。

学校的每间专用教室里也满是师生的作品，有的体现了师生的个性和兴趣特长。比如，在一间美术教室里可以看到学生创作的传统蜡染手工布艺作品挂在墙上，这是学生体验蜡染课程之后创作的；另一间美术教室则摆放着摄影的专业器材和灯光设备，墙上挂满了老师和学生的摄影作品，这是因为负责这间教室的美术老师是一个摄影师，学校就专门购置了专业的摄影设备，于是老师带着学生开始了他们的摄影之旅；而在另一间科学实验室里则展示了学生的科学小制作、小发明等。

无论是普通教室、专用教室，还是校园建筑的其他角落，我们都让师生亲自动手参与设计和布置。

> 我校学生周围的陈设布置，乃是起教育作用的环境的一个组成部分。这样的环境要去创造，要力求让那些在鲜明的形象中、在画幅上、在优秀人物们的聪慧思想里所表达的人类的道德经验渗入学生的精神生活中去。[1]

是的，教师要去创造这样的环境，创造环境本身就是教育的过程，也是教育功能的体现。

在我办公室的墙上，也挂着一幅画，这幅画不是名家名画，而是一个一年级小朋友送给我的：他画了校园美丽的建筑，还画了一群小朋友在操场上踢足球的场景。我相信，画中那几个正在踢足球的孩子，其中一个一定就是作者本人——他是学校足球队的队员。我喜欢这幅画，不在于这个孩子的画技有多么高超，而在于他不仅描画了校园最美的一面，还展现了在校园里学习、生活的孩子的自由和欢乐。这是我理解的校园场景中最核心的东西——"儿童"。这幅画作我无比珍视，它带给我许多能量和信心，让我在许多疲惫和迷惘的时刻，坚定信念，重新出发。

---

[1] 苏霍姆林斯基. 帕夫雷什中学 [M]. 赵玮，王义高，蔡兴文，等译. 北京：教育科学出版社，1983: 159.

校务会议的内容、目标与价值指向

作为校长，苏霍姆林斯基极少谈起他如何施展自己的行政领导才能。我们可以发现，在他宏大的教育体系中，专门谈及校长行政领导能力的篇章极少。相反，他多次表达对校长行政领导能力的"否定"。在苏霍姆林斯基看来，如果一个校长认为凭着某种特殊的行政领导才能就可取得成功，那他就可以打消做一个好校长的念头。

苏霍姆林斯基为什么会有这样的观点呢？我想，这一方面是由于他认为一个好校长首先应该是一个好老师，一个好的教育教学专家，一个具有威信的、博学多识的"教师的教师"；另一方面则是由于他秉持着"培养全面和谐发展的人"的教育理念。把"人"始终放在核心地位，这也是教育的意义和价值所在。因此，依靠简单的行政力量去管理学校，显然与苏霍姆林斯基的人道主义精神相违背，同时无法解决教育教学实践中非常复杂、具体的情况。但这是不是就意味着苏霍姆林斯基对学校工作没有"管理"呢？其实，在管理方面他并非完全"无为"。仔细研读他的著作，可以发现：在学科教学、课外活动、家庭教育等方面都能看到他深度参与的身影，他用自己的具体行动传达、展现他的教育理念，带动师生、家长一起行动，这就让他的"管理"更加鲜活、富有说服力，同时表现出实时更新的状态；他将"管理"作为学校统一思想、建立共同的教育信念的一条路径，比如通过召开校务会议来达成这一目标。

说到会议，我跟很多校长一样，心情比较复杂。曾几何时，开会成了校长工作的重要内容，占据了校长大量的时间和精力。平心而论，有些会议确实有必要召开，通过开会可以澄清一些困惑，交流观点，统一思想，达成共识；但有些会议冗长无味，形式主义严重，其要求和精神完全可以通过其他方式来传达。苏霍姆林斯基在他的著作中多次表达反对形式主义的观点，显然，冗长无味、没有必要的会议肯定是不被认可的。那么，苏霍姆林斯基是不是就完全拒绝召开会议呢？答案是否定的。我们发现，苏霍姆林斯基曾详细介绍过他在帕夫雷什中学组织召开的校务会议，其组织形式、研究议题、作用效能、价值指向等，都可以给我们带来很多启迪。

在帕夫雷什中学，校务会议每年举行七八次。校务委员会成员包括校长、教导主任、总务副校长、教师、校医、5～7名家长委员会委员等。通过召开校务会议，使全体教师在教育观点和信念上达成一致，集体解决学校教育实践中的各种问题。

> 我们总是竭力把校长对学校的领导跟集体讨论并决定教育教学工作重大问题的会议制结合起来。[1]

在苏霍姆林斯基的管理理念中，会议的效能和作用主要体现在，让大家在涉及教育方向与本质的原则性问题上保持观点一致。在校务会议上，集体做出的各种决定和决议，学校全体工作人员都必须遵守。帕夫雷什中学的校务会议涉及学校教育教学实践的方方面面：给教师分配教学科目和班级，审批学校工作总结报告，教师收入，学生伙食及体质增强，师生的作息制度，学校的教学工厂、工作室和教学实验园地等处工作的安全规则，审批课程表和课外活动计划，等等。可以说，校务会议几乎涵盖了学校管理中最重要的问题。值得关注的是，帕夫雷什中学的校务

---

[1] 苏霍姆林斯基. 帕夫雷什中学 [M]. 赵玮，王义高，蔡兴文，等译. 北京：教育科学出版社，1983：65.

会议还体现了非常明显的学术特征：校务会议中曾专门研究如何帮助某个具体的学生，不仅包括那些难教的学生，还包括那些在集体中并不突出、在任何事情上都显示不出个性、对什么都不感兴趣的学生——苏霍姆林斯基认为这样的学生是最棘手的学生；校长、教导主任和有经验的教师会在校务会议上做学术报告，然后老师们围绕报告内容展开热烈的讨论，对重大的教育问题发表自己的看法。这样的校务会议不是一般意义上的校务会议，不再局限于学校管理，充满了浓郁的学术氛围。全体教师就是在这样的热烈讨论中提升了自己的专业水平，在教育理念上达成了共识，那就是一切以"人"为中心，师生的福祉得到了充分重视，这正是苏霍姆林斯基"培养全面和谐发展的人"的教育理念在管理层面落地的体现。

我们经常抱怨会议多，浪费时间，但如果真正以"人"为中心，哪怕是校务会议，也可以开得有价值、有意义。

我校召开的校务会议，一类涉及学校管理层面，主要有三种：由学校中层以上干部参加的会议，由全体教职工参加的会议，以及本校家长也参与的会议。其中，由学校中层以上干部参加的会议，一般是集体讨论学校教育教学实践中的具体问题，如各部门工作计划、近期活动组织、过程性评估、个别班级和学生的具体教育教学问题、近期学校财务状况和资产采购等。每周举行一次，每次一小时左右，总体来说效率较高。由全体教职工参加的会议主要是围绕学校发展中的重大问题进行讨论，实现最大限度透明化，在听取各方意见后形成最终决策。这样做不仅是学校实施民主管理制度的要求，更是达成教育理念和行为一致的必经之路。在这个过程中，校级管理者的权力看似受到了限制，但之后的管理会更顺畅，能够在很大程度上避免管理失误和错漏。这种会议每学年至少召开一次。本校家长也参与的会议，涉及学生营养配餐、家庭教育培训、学生活动方案策划、学生校服事宜、学校教育满意度调查等，每学期至少召开一次。

我校召开的校务会议，还有一类涉及学术和教育教学质量层面，也主要有三种：学校学术委员会会议，学科质量评估会议，课程设计与实施会议。学校成立学术委员会，委员经过认真甄选，由各学科优秀教师和管理经验丰富的班主任组成，对各学科教育教学质量评估、教育写作、班级管理、问题生教育等方面，有针对性地进行研讨，提出改进建议。学术委员会会议在学期中根据需要举行，但暑假和寒假前夕的学期末会召开固定会议，针对刚刚过去的学期中出现的问题进行研讨，同时是对本学期工作的小结。比如，针对某个问题生的教育，学术委员会召开专门会议，校长、教导主任、教过该生的各学科教师和班主任参加，共同分析该生的具体情况及问题成因，提出今后的教育建议，并讨论在实施过程中可能遇到的困难及应对措施。学术委员会有时也会围绕教师专业发展中的具体问题进行研讨，比如针对教师教育写作面临的困境，逐一评点教师作品，并提出非常具体的修改建议。学科质量评估会议一般每学期召开三次，分别放在学期初、学期中和学期末进行，每个学科教师围绕本学科教学和执教班级学生的学业情况，进行各种形式的质量评估汇报交流，总结教学经验，反思自身不足，提出下一步教学设想和改进措施。这种教学质量评估会议，要让不同学科教师实现信息共享，拓宽教师的视野，让他们站在更高的视角全面评估学生学业情况及自身教学质量。课程设计与实施会议，则主要针对每位教师研发的拓展性课程方案进行前期论证评估，研讨其能否作为本校拓展性课程，学期末对开设的拓展性课程进行评估检测。开设效果较好的进入下学期课程计划，效果不理想的则需要进一步修改完善，经过修改后依然不能达到要求的，则要退出学校拓展性课程计划。这些会议都以学生成长和教师发展为核心，带有浓厚的学术色彩，帮助不同年龄、不同学科和不同知识背景的教师提升了专业水平。

在梳理、总结这些不同类型的校务会议时，我想，也许我们永远达不到帕夫雷什中学的办学高度，但如果我们能在喧嚣的环境中真正安静下来，少一些功利之心，我们也许就能够回归教育的初心，一切以师生的发展和增进师生福祉为出发点——决定某件事做还是不做，包括某个会议开还是不开。

把学生吸引到自己身边

我与老师们一起聊天时，经常会谈到老师如何激发学生的学习热情，让他们持续拥有学习的愿望，对此老师们谈到很多方法，比如，课堂设计要生动有趣，要根据学生的具体情况布置分层作业，多鼓励学生，表扬学生的点滴进步等。应该说这些方法都是正确、有效的方法。当我们单纯地去谈这些方法时，只是从实践层面找到了一些解决问题的策略。我们还应该探讨教育教学的本质和规律，从而更好地服务于学生的成长。

我们在教育实践中会发现，总有学生的学习热情不高，这些学生似乎对什么都无所谓，他们的学业成绩不一定是最差的，甚至有的学生的学业成绩良好，但仔细研究他们的学业表现，就会发现他们在各方面都没有突出表现，也没有表现出对某个领域特别的兴趣。在苏霍姆林斯基看来，这样的学生恰恰是需要关注的，教师应就此对自己的教育教学进行审视和反思。

还有一些"难教学生"，往往会让教师束手无策。这些学生身上的问题各不相同，有的患有感统失调，有的患有智力发展障碍，有的有心理问题，等等。那么，对这些"难教学生"，除了必要的、恰当的医疗干预，我们可以做哪些工作呢？

无论是对缺乏学习热情的学生，还是对"难教学生"，苏霍姆林斯基有一个非常重要的建议：

我们每个人都将在少年身上寻找发挥他们的擅长和才干的素质。我们将在吸引少年的智慧和心灵方面开展竞赛。[1]

　　苏霍姆林斯基坚信，每个学生都有自己擅长的领域，他不可能对任何事物都不感兴趣。教师团队应该把所有的方法和手段都拿出来尝试，看看学生对哪个领域感兴趣，从而发掘学生身上的才干，寻找那些能够鼓舞他的力量。他鼓励帕夫雷什中学的教师展开各学科之间"争夺"学生的竞赛，每位教师都使出浑身解数，充分发挥自己的才能与智慧，唤起学生对自己执教学科的兴趣，使他们能够喜爱这门学科。这样一来，每位教师都有一种强烈的愿望，那就是尽可能把学生吸引到自己身边。当自己身边的学生越来越多，就意味着越来越多的学生找到了自己擅长的领域，发现了自己在智力生活中的某种才能，获得了成功的体验，产生了鼓舞自己不断挑战的信心和力量。

　　小凡是一个小学五年级男孩，身体发育正常，语言表达也算顺畅，却是班里最令人挠头的一个问题生。他极度厌学，学业成绩很差，上课时不能集中注意力，坐在座位上时总不断扭动身体、东张西望，严重影响周围的同学。他与同学关系紧张，不但脏话连篇，而且动不动就拳脚相加，班里的同学见了他就躲；面对老师的批评，他总表现出无所谓的态度，常以翻白眼来表示不满，要不扭头就走毫不理会。班主任小刘是一位年轻女教师，有一次试图将在课堂上嬉闹的小凡拉回座位，他随手一挥，小刘老师没站稳，腿磕碰到课桌上，伤口渗出血来……当小刘跟我诉说课堂上发生的这些事情，以及小凡平时的种种表现时，她的眼圈红了……

　　看到小刘老师无助的眼神，我意识到，小凡的问题已经不能用常规

---

[1] 苏霍姆林斯基. 公民的诞生 [M]. 黄之瑞，张佩珍，姚亦飞，等译. 北京：教育科学出版社，2002: 137.

的说教或者惩戒来解决，也不能让小刘老师独自面对这样的教育困境，必须调动教师团队的力量，共同寻找教育策略。我们召开了校内学术委员会集中会议（校内学术委员会是由我校经验丰富的各学科优秀教师组成的学术机构），专门就小凡的教育展开了讨论。我们首先探讨了小凡的成长境遇。他幼儿时期遭遇过家庭变故，父母离异时都不想要孩子的抚养权，小凡是跟着奶奶长大的，奶奶身体不好，经济条件很差，父母也很少来看望他。家庭教育的缺失不仅使他养成了不少坏习惯，也让他对周围世界充满敌意。我们探讨了各种可能，希望寻找到小凡感兴趣的领域：阅读、绘画、唱歌、乐器演奏……。于是，各门学科的老师开始接近小凡，希望能找到小凡的兴趣所在，把小凡吸引到自己身边来。一段时间后，体育老师的反馈来了：小凡似乎对足球感兴趣，表达出想加入学校足球队的愿望。虽然学生入选学校足球队需要具备一定的基础，而且要经过选拔，入选后每天都要训练，对学生的体能和意志品质都是一个比较大的挑战，但我们都意识到，也许这是一个帮助小凡的突破口。于是，小凡"破格"加入了学校足球队。小凡爱上了足球，逐渐成为学校足球队的骨干，后来还担任了足球队的守门员。在足球队的成功体验让小凡找回了自信，他在课堂上的表现明显好转，各门学科的成绩也有了一定的提升。小凡的变化令人鼓舞。

其实，我更加看重的是小凡获得了成功的体验，感受到了学习的快乐。苏霍姆林斯基写道：

> 自然界里没有一个这样的人，我们有权利说他是"无论干什么都不行"的人。[1]

---

[1] 苏霍姆林斯基. 给教师的建议（全一册）[M]. 杜殿坤，编译. 2版. 北京：教育科学出版社，1984: 475.

是的，不管学生处于怎样艰难的困境，我们都要记住，永远不要让学生觉得自己干什么都不行，要坚信每个学生都有感兴趣的领域，教师要千方百计地把学生吸引到自己身边，让学生体验成功，增长自信。

在帕夫雷什中学，苏霍姆林斯基和老师们成立了很多课外小组。包括苏霍姆林斯基在内，每位老师都根据自己的学科领域和兴趣专长，承担了这些小组的组织者、指导者的角色，老师们希望通过这些小组活动，吸引学生到自己的身边来，尤其是那些"难教学生"，让学生积极参与集体的智力和精神生活，找到自己擅长的领域。

在我所任职的学校，我们举办丰富多彩的社团活动，每个学生都参加了社团活动，寻找自己擅长的领域。这些社团从组织形式来说，相当于帕夫雷什中学的研究小组。开设的社团涵盖各个领域：艺术、体育、科学、人工智能、蔬菜与农作物种植，等等。我们将社团活动和校内学科教育教学统筹安排，发挥每位教师的专长，每位教师都担任社团教师，开发社团活动课程，指导学生参与社团活动。我们充分考虑学生的兴趣和意愿，采用线上自由选课的形式，设置了开设某个社团的底线人数和上限人数。选课结束后，达到底线人数的社团才能正式开展活动；若超过了上限人数，我们则会根据报名情况考虑开设第二个社团。我们同时出台激励机制，在学期末进行考核时，对优秀社团指导教师进行奖励，并将其作为评优的重要指标。每位教师都怀着很大的热情，认真设计、组织社团活动，都争取把更多的学生吸引到自己身边来。

在这种情况下，教师既要承担学科教学和班级管理等工作，又要指导社团，会不会工作量太大呢？苏霍姆林斯基早已做出了回答：

　　也许有人会提出这样的问题：如果教师除上课之外，还要指导一个课外小组（有的教师还自愿指导两个课外小组），他是否会负担过重呢？不，这不是额外负担，而是必不可少的工作。如果教师不能经常跟学生保持精神上的一致（这种一致必须是超出上课、做家庭作业和打分数范围之外的），那么他就不可能进行真正的创造性的教育工作。[1]

是的，这不是额外负担，而是教师必不可少的创造性工作的一部分。优秀教师总是善于把学生吸引到自己身边，这有赖于他对自己执教学科的深入理解，对儿童身心发展规律的准确把握，以及他对儿童的认知与自身职业的热爱。所以，从这个意义上说，一位不能吸引学生来到自己身边的教师，他的专业能力和精神魅力是要打折扣的。

---

[1] 苏霍姆林斯基. 和青年校长的谈话 [M]. 赵玮，等译. 北京: 教育科学出版社，2009: 47.

办一所让孩子天天盼着去的学校

一所好学校的标准是什么？我心里始终有一个非常素朴的衡量标准，那就是学生是不是喜欢这所学校，他们是不是天天盼着上学。如果一所学校能够让学生天天盼着上学，我觉得这样的学校哪怕依然存在很多问题，也大抵不会差到哪里去。否则，硬件设施再漂亮，教育理念再先进，如果学生厌恶学校，害怕上学，甚至找借口哭着喊着不肯上学，我觉得这样的学校就一定不是好学校。那么，如何让学生天天盼着上学呢？

苏霍姆林斯基似乎从未直接回答过这个问题，但他在帕夫雷什中学数十年的教育实践，给出了清晰明确的答案。比如，他为学前儿童创办的"蓝天下的学校"（也称为"快乐学校"），就是学生天天盼着去的学校；他从不给学生打不及格的分数，让那些暂时无法在学业上取得成就的学生不再畏惧上学；他和老师们采用各种方法让学生加入自己感兴趣的小组，去发现自己擅长的领域，让学生建立自信，从而不再害怕上学；他们举办各种节日活动，如为一年级学生举办"首次铃声"节，为毕业生举办"最后铃声"节，还有母亲节、女孩节、歌节、花节、鸟节、堆砌雪城的冬节、首捆庄稼节、新粮面包节、无名英雄纪念日……这些节日活动学校年年举办，成为传统，也成为师生、家长心中美好的记忆。多少年以后，从帕夫雷什中学毕业的学生还会记得在"最后铃声"节上响起的铃声，也一定会记得从校长苏霍姆林斯基手中接过毕业证书的情景，还有老师们在毕业典礼上真挚深沉的祝词。我想，这样的学校，是学生天天盼着去的学校，是学生毕业后魂牵梦萦的学校。

虽然我们现在所处的教育环境与20世纪中叶的帕夫雷什中学有很大不同，但这些充满温度的实践经验依然能给我们带来很多启发。当我们真正懂得了这些做法背后的教育信念时，就会更容易审视和反思学校教育实践，明白哪些是有意义的，哪些是没有价值的，甚至是反教育的。回想我曾任职的几所学校的发展历程，为了办一所让学生天天盼着去的学校，我们遵循教育规律，坚守教育初心，整合各种资源，聚合各种能量，千方百计让学校发生一些改变，让学校成为温暖的地方，获得成功体验的地方，独一无二的地方，值得骄傲的地方，激动人心的地方，梦想成真的地方，人人都觉得不能没有"我"的地方……

我相信有些场景将长久地留在学生的记忆中。

学校举办新年戏剧展演，有一个班的学生表演了儿童歌舞剧《神笔马良》。"马良"用神笔画下了金山、大海、大船，贪得无厌的财主受到了应有的惩罚。演出即将结束时，正准备走下舞台的"马良"被主持人叫住了："马良，马良，新年来了，你能用你的神笔给小朋友们画下新年礼物吗？""马良"点点头，他神笔挥舞，转身在巨大的幕布上画下了五颜六色的糖果，台下上千名师生屏息凝气。忽然，令人惊叹的一幕出现了！早已藏在幕布后面的教师和家长捧着大包小包的糖果跑了出来，跑到台下，跑到学生中间，开始分发糖果。霎时间，校园变成了欢乐的海洋。大家一边吃着甜蜜的糖果，一边继续开心地观看演出。演出结束后的第二天，有一位家长在校门口拦住我，说昨夜孩子在梦中笑醒了。我们绞尽脑汁地设计这样的环节，就是想让学生体验一把梦想成真的感觉，想让他们多年之后回忆学校生活时，还能够记起那些激动人心的场面，让他们的童年多一些快乐的、甜蜜的记忆。

学生也一定会为自己就读的学校拥有美丽的绘本馆而骄傲。绘本馆不仅拥有体量巨大、种类丰富的藏书和诗意浪漫的阅读环境，而且创造了一个值得骄傲的纪录：单是《爱丽丝漫游奇境记》就收藏了129个版本，摆放在绘本馆入口处的书柜上。我和每位老师在书店里，只要看到不同版本的《爱丽丝漫游奇境记》就会毫不犹豫地买下来，放进学校绘本馆。我们希望学生懂得，真正经典的书籍会跨越时空，赢得世界各地读者的喜爱。同时，我们把学生自己创作的绘本与这些经典书籍摆在一起，并放在最显著的位置。阅读经典、热爱经典甚至创造经典成为埋在每个学生心中的美好的种子。

每个学年之初，在一年级学生走进学校的第一天，学校优秀教师都会与学生共读绘本《天空在脚下》，这已经成为学校的一项传统活动。这是一个关于梦想、勇气和彼此激励、战胜自我的故事，能够帮助学生理解校园文化核心理念"天空在我脚下"。学生还会来到操场的大草坪上，在蓝天下一起放飞写着梦想的纸飞机。我们希望通过这种活动，在学生心中埋下梦想和勇气的种子，童年的纸飞机连同这个动人的故事，将会成为学生心中永不磨灭的记忆。

每逢清明时节，学校都会举办"清明诗会"，在诗歌诵读中赞美春天，缅怀革命先烈。同时我们组织春季踏青，与研学活动相结合，让学生到农场体验春耕，观赏江南漫山遍野的油菜花。我们在果树下、草地上、池塘边野餐，开联欢会；学生画画、唱歌、讲故事、捉迷藏、玩丢手绢，笑声点亮了四月天。

初夏时节，高年级学生去参加军训和体验劳动，为期一周。学生夜晚睡在集体宿舍，白天进行军训，其间穿插农业劳动。大多数学生第一次睡在集体宿舍，兴奋得难以入眠，总是需要老师和教官不断地督促才进入梦乡。学生体验了挖土豆、摘豆子、采辣椒等，大家在土灶上做豆子饭，每个学生都胃口大开，吃得津津有味。

三年级下学期，我们举办"十岁的星空"成长礼。这是一个盛典，每个班级都做了充分准备，学生用绘画、戏剧、舞蹈、歌唱、诵读、魔术表演等多种形式，表达对老师、父母的感恩以及内心的喜悦，展现自己的才华。我至今难忘学校第一届学生十岁成长礼的那个夜晚，舞台搭建在学校操场的大草坪上，学生和家长手中的烛火摇曳，一个班三十多个学生正在集体诵读高尔基的《海燕》，稚嫩而激昂的童声诵读，伴随着动人的交响乐，响彻校园的夜空。那一刻，我的眼睛湿润了，许多老师和家长的眼睛也湿润了。一位家长发表了寄语，他提出了"独立、善良、责任、分享、勇敢"这五个关键词，表达了对学生的期许。我也发表了校长致辞：

亲爱的家长朋友们、老师们、同学们：

三年前，我们作为这所学校的首届师生，来到了这个美丽的童话小镇[1]。那激动人心的场景大家还记得吗？在入学典礼上，我跟家长、老师和孩子们说，我们是带着梦想来到这所美丽的校园的。那一天的入学礼，我们写下了自己的梦想，也展现了美好的自己。我相信，这些美好的场景还留在大家的记忆中。你看，孩子们和老师们的笑脸，这张照片一直挂在墙上，挂在校园最醒目的位置。

时光飞逝，转眼三年过去了，孩子们十岁了。在这里，我们有欢乐和幸福，有付出和成长，当然也有困惑和迷茫。但无论如何，家长、老师和孩子，始终在一起。从走进校园的那一天起，我们就有了美好的缘分，这值得我们共同珍惜。

孩子们，十岁，承载了太多美好的期许，正如刚才那位家长在寄语中所说，你们要记住"独立、善良、勇敢、责任和分享"这几个关键词。这是爸爸妈妈最真挚、最深情的爱与祝福。我最欣赏其中的一句话：要活成一束光，接近你，就是接近光。让我们都来做一束光，给自己，给他人，也给这个世界，带来光明、温暖和希望。

孩子们，在我看来，要活成一束光，我们还需要拥有很多美好的品质。学校文化核心理念是"天空在我脚下"，蕴含丰富美好的品质。比如，要相信自己具有改变世界、影响他人的力量，相信自己可以通过坚持不懈的努力让这个世界变得更加美好，这是生活在

---

[1] 我校建筑极富特点，恰似一个童话小镇。

这个世界上的我们应有的责任担当。要敢于迈出第一步，坚信迈出的每一步都有价值，要有为实现梦想而勇敢行动的笃定执着。要永远保持对世界的好奇心，心中有当下，也有远方，相信远方有未知的风景，心中永远拥有探索世界的原动力，以及积极生活的满腔热情。要敢于通过战胜不可能来定义自我，敢于突破自己的局限，敢于瞄准更高的目标，敢于打破屏障并触摸星辰。还有非常重要的一点，那就是：无论将来你身处何地，走向何方，都不要忘记自己是龙的传人，身上流淌着中华民族的血液，要无愧于国家，无愧于民族，无愧于父母和老师无私的奉献和辛勤的培育。

刚才我们听了老师们朗读袁隆平爷爷写给妈妈的信。袁隆平爷爷的故事，促使每一个学生思考：我应该树立什么样的梦想？应该怎样追求自己的梦想？这也促使每位家长、每位老师思考：应该在孩子心中埋下什么样的种子？怎样让种子长成参天大树？

法国作家圣埃克苏佩里在他的经典作品《小王子》中讲述了这样的故事：小王子生活在他的星球上，这颗星球的名字叫B612，后来他又到了很多别的星球，遇到了许多不同的人，发生了许多动人的、令人回味无穷的故事。我衷心地祝福孩子们，在十岁的星空中也能找到属于自己的星球，在美丽的童话小镇，尽情上演美好的童话故事！我相信，在很多年以后，你们还会记得这个美好的夜晚，记得爸爸妈妈、老师们美好的祝愿！

其实，这些只是我们让学生喜欢学校所做的一部分工作而已。

有一张照片始终被我珍藏，那是一位家长给我发来的她家二宝的一张照片（大宝是我校学生）。二宝是个只有三岁的小男孩，他正抓着学校围墙外面的栏杆往里看。当时学校正在举行新年游园活动，校园里热闹非凡，充满了欢声笑语，二宝看到这样的场景，说了一句："姐姐的学校可真好啊！"我觉得这就是对学校最高的赞美。

后记

曾有一家电视台找到我，想做一期专题节目——"名校长的一天"，要从早晨我开车上班一直跟拍到傍晚开车下班。拍摄的目的自然是希望展现一位名校长的一天多么繁忙，多么有挑战、有意义。节目创意固然很好，但我还是婉言谢绝了。一方面，我是否配得上"名校长"的名头姑且不论，我并不认为自己"一天"中的每个时刻都值得跟拍记录。另一方面，我也不认为自己"一天"中的每个时刻都符合大家心中名校长的形象。单是开车上班、下班的路上，我可能就会让节目组"失望"。我并没有大家想象的那样一边开车一边工作电话接个不停（偶尔有工作电话在所难免），也不是利用一切时间学习提升——比如边开车边听知识付费类音频之类的。相反，我开车是要听音乐的，有时是"土"得掉渣的陕北信天游，有时是华丽恣意的皇后乐队的摇滚歌曲……这是我在密集的工作缝隙里喘息的时刻，也是在杭州拥堵的车流中平复情绪的时刻。

其实，在我十年的校长生涯中，值得记录的又岂止某个"一天"？有太多的时刻值得记录、审视、反思，甚至令人惋惜、懊悔……那逝去了的三千多个"一天"，每个"一天"的日与夜，都已远去，但我知道，那些日子都曾经来过。

十年前，我决定从教研员的岗位上退下，走上校长岗位。我一直知道做校长很难。关心我的领导和朋友也告诉我，做校长很难。但究竟难到什么程度，我确实没有体验过。的确，把一个长期耽于学术、满腔热情、一心希望梦想照进现实的人，放到校长这样重要的岗位上，其实是一件有一定风险的事情。幸运的是，我遇见了相信我的领导，我走马上任了。更幸运的是，我遇见了苏霍姆林斯基。其实，在我教师生涯的最初阶段，我就走上了研读苏霍姆林斯基之路，迄今有近三十个年头。在研读苏霍姆林斯基著作的这些年里，我从他丰厚鲜活的著作中受益良多。我跟苏霍姆林斯基学当老师，跟苏霍姆林斯基学当班主任，我将这些思考和收获梳理、记录下来，先后出版了《跟苏霍姆林斯基学当老师》《跟苏霍姆林斯基学当班主任》。后来，我开启了自己的校长生涯，开始跟苏霍姆林斯基学当校长。十年之后，我终于有勇气来写这本书——这并不是说我做校长多么成功，而是觉得十年具有标志性意义，我的写作是对我十年光阴的小结、反思。

是的，在过去的十年里，有太多值得记录的事情，甚至一本书也写不完。这本书，凝聚了一名中国校长十年的心血和汗水，其中，有寻觅与求索，欢乐与痛苦，顿悟与彷徨，收获与惋惜……当然，还有信念与责任。

感谢我曾任职过的几所学校的同事们、家长们、孩子们，还有放心把学校交给我的领导们。本书案例中的人物虽然都使用了化名，但真诚永远是我们的底色，我为那些一起追求梦想的岁月而自豪。

感谢源创图书的吴法源老师和王玉梅、李热爱老师，是他们的耐心等待和辛勤付出，让这本书得以顺利出版。

感谢广大教师、校长朋友们，请大家批评指正。

出 版 人 郑豪杰
责任编辑 闫 景
封面设计 奇文云海
内文设计 许 扬
责任校对 贾静芳
责任印制 叶小峰

图书在版编目（CIP）数据

跟苏霍姆林斯基学当校长／闫学著 . -- 北京：教育科学出版社，2024.9. -- ISBN 978 - 7 - 5191 - 4065 - 6

Ⅰ. G40 - 095.12

中国国家版本馆 CIP 数据核字第 2024Q3K586 号

跟苏霍姆林斯基学当校长

GEN SUHUOMULINSIJI XUE DANG XIAOZHANG

出 版 发 行	教育科学出版社			
社 址	北京·朝阳区安慧北里安园甲 9 号	邮 编	100101	
总编室电话	010 - 64981290	编辑部电话	010 - 64989593	
出版部电话	010 - 64989487	市场部电话	010 - 64989009	
传 真	010 - 64891796	网 址	http://www.esph.com.cn	
经 销	各地新华书店			
印 刷	运河（唐山）印务有限公司			
开 本	720 毫米 × 1020 毫米 1/16	版 次	2024 年 9 月第 1 版	
印 张	13.5	印 次	2024 年 9 月第 1 次印刷	
字 数	180 千	定 价	68.00 元	

图书出现印装质量问题，本社负责调换。